JN437911

하늘 공원

김일규 제1시집

삶의 마음이 아픈 자는 이야기 꾼이 된다.
그러나
삶의 살이 아픈 자는 시인이 될 수밖에 없다.

영문 詩選 ⑯

하늘공원

■
초판 1쇄 인쇄 / 2022년 4월 20일
초판 1쇄 발행 / 2022년 4월 30일

■
지은이 / 김 일 규
펴낸이 / 김 수 관
펴낸곳 / 도서출판 영문
03401 서울시 은평구 역말로 53(역촌동)
☎ (02)357-8585
FAX • (02)382-4411
E-mail • kskym49@daum.net

■
출판등록번호 / 제 03-01016호
출판등록일 / 1997. 7. 24

정가 12,000원
ISBN 978-89-8487-355-1 03810
Printed in Korea

영문 詩選 ⑯

하늘 공원

김일규 제1시집

도서출판 영문

머리말

때 묻은 시집을 출간하며

울면서 태어나 허공에서 허덕이다 흔적 하나 없이 사라질 인생, 점이라도 하나 찍고 떠나려는 내 애틋한 삶의 이야기, 오물 묻은 시집을 내려한다.

왠지 선무당 사람 잡는 것만 같아 착잡한 마음 숨길 수 없다. “삶의 마음이 아픈 자는 이야기꾼이 되고, 삶의 살이 아픈 자는 시인이 된다.”

어느 시인의 말을 되씹으며 내가 바라는 것들 다 하지 못하고 내 싱거운 삶에 양념 쳐 시집을 낸다는 것이 시를 모독하는 것만 같아 나오는 선웃음을 숨길 수 없다.

시를 쓴다는 것은 일상생활에서 겪고 체득하고 느낀 이야기들을 끄집어내 ‘시’라는 문학적 형식을 빌려 그저 담담하게 나오는 대로 토막 쳐 써놓는 것이라 믿고 덤벙대며 무리한 억지를 쓰고 있는 내 꼴이 우스꽝스럽기만 하다.

나는 나 자신을 소개할 거리가 없는 늙은이 뿐이다.

시라는 문학적 수련도, 탄탄한 기초도 없다. 지고한 시성도, 시풍도 없다. 물론 등단한 적이 있을 리 만무하다. 등단은 나에게 그림의 떡이었다.

고백컨대, 웃음과 울음 사이를 서성이며 살아온 내 삶의 추한 모습을 들키는 심정이다.

대자연에서 다섯 벗을 얻어 푸르게 살다 가신 고산 윤선도 선생님의 숭고한 삶을 동경하며 살아온 내 80 여생의 마지막 길에 고운 웃음꽃 한 잎 피워 물고 가기를 바랄 뿐입니다.

힘써 일하고 애써 사랑하며 살아온 내 17가족, 그래도 사랑을 담아 나와 더불어 살아오신 모든 분들께 고마운 마음 드립니다.

그간 정리해서 담아두었던 마음의 메아리들을 3권의 시집으로 엮어보았습니다

제1집은 '하늘공원'으로

제2집은 '여름 옥탑방'으로

제3집은 '은혜의 강물'로 정리했습니다.

출간을 도와주신 영문출판사 김수관 장로님께 깊은 감사를 드립니다.

2022년 4월 봄날에

저자

차례

어머니 …… 9
달동네 …… 10
일기장에서 …… 11
잡초 …… 12
빨래 …… 13
번데기 …… 14
겨울창문 …… 15
입학 …… 16
담쟁이 삶 …… 17
삶 꽃 …… 18
낙조 …… 19
소주한잔 …… 20
어머님 토막집 …… 22
회상 …… 24
배나무고개 …… 26
소나기 …… 28
도봉산 계곡 …… 29
자라는 진주 …… 31
삶터 …… 32
기도하는 마음 …… 33
영혼들의 잔칫날 …… 34
시집가는 길 …… 36
새터 …… 37
관악산 …… 39
내날 …… 40
달이 되고파 …… 42
봄바람 …… 43
경매 …… 44
촛불 …… 46
살아간다는 것은 …… 47
동행 …… 50
삶과 죽음 …… 51
양귀비 …… 53
예찬 …… 54
밤에 우는 매미 …… 56
우리는 하나 …… 57
호연 …… 59
공동묘지 …… 61
내 고향은 칠원입니다 …… 62
젓줄 …… 70
기도 …… 71
용문산 …… 73
국화 …… 75
낙엽 …… 76
부익부 빈익빈 …… 78
꿈 …… 79

새날 …… 80
작은 나무 한그루 …… 82
너희는 하나 …… 83
인생 고개 …… 86
문지기 …… 88
어머님 손길 …… 91
나의 사랑 나의 믿음 …… 93
고향 길 …… 95
동창회 …… 97
나의 푸념 …… 99
나의 하나님 …… 101
벽을 넘어서 …… 102
보름달 …… 103
설교는 나의 눈물입니다. …… 105
나는 멍텅구리 …… 107
술꾼의 아침 …… 109
가을연못 …… 110
그리움의 묵상 …… 112
새천년 …… 114
무능자의 변 …… 116
바위 골짜기 …… 118
우리(부자용비어천가) …… 120
도깨비 방망이 …… 122
시의 노래 …… 124
우리는 하늘부자 …… 126
독백(사랑의 진실) …… 128
영원한 고향 …… 132
토끼잠 …… 134
사는게 이게 아닌데 …… 136
낙조 …… 138
나는 바보로 살았습니다 …… 140
옥상의 자유 …… 142
나의 기도 …… 144
다리를 놓자 …… 146
유배 …… 148
가난 …… 151
어머니 …… 153
종착역 …… 156
주연이 오던날 …… 158
가을바람 …… 161
만남(진호) …… 163
때가온다지 …… 165
하늘공원 …… 167

어머니

어머니 마음은 광활한 하늘입니다.
높아서 푸르고 넓어서 푸근한
영원히 변치 않는 사랑입니다.
어머니 품은 기름진 땅이랍니다.
묵은 것을 썩히어 새것으로 밀어내는
요술쟁이 생명입니다.
어머니 가슴은 뜨거운 태양입니다.
크고 작은 고통을 녹혀 기쁨 만들어 내는
뜨거운 용강로입니다.
어머니 눈빛은 깊은 바다랍니다.
서러움도 더러움도 눈물 없이 받아주는
넓고도 고요한 평화랍니다.
어머니 몸은 동네북이 되었습니다.
철부지 자식들이 마구 휘둘이는 북채에도
맷집 좋은 커다란 북입니다.

언제나. 평온한 소리 은은한 영혼의 소리로
사랑, 생명 기쁨, 평화를 만들어내는
나에게 소중한 동네북이랍니다.

1973. 12.

새벽밥상을 차리시는 어머니 모습에서 (중부시장을 가면서)

달동네

물 때 묻은 검은 바위, 이끼 낀 푸른 바위
짓 궂은 악몽들에 얼굴 파인 곰보 바위
갈고 다듬어 무겁게 내려깔고 앉은 자리
토담을 쌓고 이어 어깨동무하고
검푸른 루핑으로 하늘 가리어
꼬불꼬불 골목길 같은 정을 나누며
옹기종기 모여 앉아 세월을 엮는다.
떠오르는 여명에 가슴 펼치고
긴 호흡으로
싱그러운 아침을 보다 먼저 열어
삶의 진한 이야기로 하루를 시작한다.
숨 가쁘게 돌계단을 내리고 오르면
태양이 더욱 가까와
불타다 남기고 간 더운 열기로
내 마음의 베치카에 몸을 데우고
작은 창문을 열어
보다 나은 평지를 보며
진흙 속에 피어나는 연꽃 되어
긴 미래의 꿈을 부른다.

1978. 5. 6.
내 본적지가 되어버린 돈암동 616번지에서(산동네 집을 사서)

일기장에서

하늘로 오른다면 어떠할까?
땅으로 꺼진다면 이 또한 어떠할까
내 마음의 유리창에 날아드는 돌팔매질에
내 양심은 피멍이 들고
긴 장마 끝에 떨어진 애기 호박
꼭지 떨어진 자리에
시리지 시린 눈물방울이 한숨 섞어 맺힌다.
눈이 있어도 어둠에 짓눌린 그믐 밤의 캄캄함
입 있어도 말할 것 이미 없고
주먹 쥐어보니 아무것도 이젠 더 쥐어질 것 없는
그리움마저 끊어진 자리 밤비는 내리는데
소경은 울고 벙어리 냉가슴 되어 차겁게 젖어든다.

83. 10. 31.

잡초

돌보는 자 그 아무도 없어도
무성하게 자라나는
이름 모를 잡초

밟혀도 밟혀도 꿋꿋이 고개 들어
아침 이슬 잎새에 불러 앉히고
나그네 꿈동산을 곱게 펼친다.

태풍이 싹쓰리 지나가도
꿋꿋하게 제자리에 버티고 서서
우리들의 삶을 머리에 이고
한들 한들 춤추며
푸르디푸른 꿈을 펼치며
조그마한 꽃잎 하나 살짝 날리어
외로운 나그네 된 나를 부른다.

1984. 10월. 이천 백사에서

빨래

옷에 묻은 나의 체온에
찌들어 있는 시간들을 흔들어 빤다.
끈질기게 달라붙은 얼룩 지우려
두 주먹 불끈 쥐고 후려쳐 봐도
자태를 확연히 드러내어
모질게도 발광을 한다.

아픈 마음자락 헤집어 놓고
어둠이 싫어 새벽을 기다리는 간절함으로
두팔 두발로 문질러 빤다.

그 언젠가는
씻고 닦은 내 남은 세월들이
우유 빛 나는 새하얀 비단결 되어
포근하게 내 몸 감싸줄 그 날을
바라며
믿으며
오늘도 열심히 빨래를 한다.

1984. 7월 경기 안성에서 여주 이천 백사로 이사후(곽씨 집에서)

번데기

나는 지금 여기 한 마리 번데기가 있습니다.
지금의 나는 어제의 내가 아닙니다.
앞으로 다가올 내 내일 날에
피어날 꽃잎에 입술을 맞추며
하늘하늘 춤추는 나비의 모습도 아닙니다
지금 나에겐
영원을 향한 고달픈 몸부림이 있을 뿐입니다.

외롭고 힘겨운 아픔 속에서
새로운 의미를 찾아
끊임없는 탈바꿈으로
내 허울을 벗어 던지려
오늘도
쉴 새 없이 꿈틀대는
나는 한 마리 번데기입니다.

1985. 5. 11.
강서구 염창동 성우 B/D 신축공사장 야밤을 보면서 (취업)

겨울 창문

거칠어진 삭풍 거센 광란에
밤새 울어대던 겨울 창문이
내 아픈 상처의 흔적 불러내어
그려놓은
한 폭의 혼탁한 수채화를
하늘 끝으로 달려온 생명의 빛살이
살포시 내려앉아
지나간 내 밤을 소리 없이 지운다.

겨울 창문을 활짝 열어 제치고
새로운 내 삶의 골목길 어구에 서서
진한 삶의 향기를 짙게 마시면
차가와서 더 더욱 높은 겨울 하늘에
내 남은 날을 수를 놓는다.

1987. 1월 옥상에서

입학

웅아! 이제는 내 몫의 추위를 안고 걸어가자
아들아! 너와 내가 걸어야 할 길은 높고 험하고
건너야 할 길은 넓고 차구나
이 겨울! 찬 이슬에 빛나는 아침 햇살을
맨살의 가지에 걸치고
땅 이불 속에 움추린 가는 실뿌리로
한여름의 초록빛 무성함을 열어 보자꾸나
이 겨울!
얼어붙은 음지의 차갑고 가파른
하얀 길에 흰 발자욱이
너와 나의 것일지라도
새소리 아늑히 매달린 싱그러움을 즐기자꾸나
아들아!
가자! 우리들 헐벗은 등허리에
짓눌려 내려앉는 한 짐의 빙설이
우리들의 몫이라면
한 웅큼씩 녹이면서 곱다랗게 살아가자꾸나

1987. 2월. 진웅이의 입학식 날(일기장에서)

담쟁이 삶

아무리 세상이 헝클어져 어지러울지라도
여기 삶터에 뿌리내려
지금 우린 쉬지 않고 뻗어가고 있다.
끈질긴 생명이 푸른 넝쿨 되어
울퉁불퉁 바위벽을 타 올라
희끄무레한 콘크리트 담을 투덜투덜 기어오른다.
음지에서 양지를 향하는 생명줄이
혹시!
무너진 콘크리트 잔해에 깔리는 그날이 두려워
오늘도 한눈 팔지 않고 열심히 그 꼼보 얼굴을 싸맨다
뒤미진 사람들!
가슴엔 백만장자의 헛된 꿈을 안고
몰락한 영웅의 탈을 얼굴에 쓰고
움크러진 어깨에 힘을 주며
헛기침 크게 해대면서
내 삶은!
담쟁이 넝쿨 되어
푸른 하늘 저 높이 한 줄기 빛을 보려
담이 있는 한 오르고 또 오른다.

1988. 4월. 산동네 정든 집(돈암동 616-917)을 떠나면서

삶꽃

삶의 꽃이 피어오른다.
성도 이름도 그 어느 것 하나 분명치 않고
자랑하고 싶어도 색깔이 없고
뽐내고 싶어도 향기가 없다.
한 마리 벌 나비가 남기고 가버린
첫사랑의 그리움이
숨기고 싶어도 튕겨져 나와
찬이슬 머금고
차디찬 바람에 너풀거린다.

1989. 12월. 80년대를 보내면서

낙조

한 마리 작은 새가
외로이 서 있는 허수아비 그늘에 앉아
황금물결 치는 들판을 그리다가
독수리 날카로운 발톱에 걸리어
그만! 하늘 높이 들리어서
다 거두어 버린 허허벌판을 본다.

생존경쟁의 격전지에
상처 입은 날개로
거짓이 자욱한 안개 속에서 허우적거리다가
간신히 빠져나온 흙탕물고인 작은 웅덩이에
스스로 삽질을 한다.

어지러히 흩어져있는 콘크리트 잔해로
내 삶의 진액을 으깨어
어설프게 메꾸어 놓은 자리가
지나가는 세월에
그 흠집을 드러내 보인다.

1992. 12월. 막내 놈 진학 실패 앞에서

소주한잔

소주한잔에는
인생의 쓴 맛이 숨겨져 있습니다.
뱉어버리고 싶어 토해버리고 싶어
오늘도 소주한잔 얼큰하게 걸쳐
미움이 고통으로 발광을 하고
실패가 패배로 들어 누운 자리에
고통이 몸부림 칩니다.

소주 한잔에는 인생의 단맛이 녹아 있습니다.
영원히 삼켜버리고 싶어 꼭 끓어 안고 싶어
오늘도 소주한잔 들이키고
새로운 힘을 얻어 용기를 내고
목청 가다듬어
희망을 노래합니다.

소주 한잔 마시고 땅을 내려다보면
고독한 슬픔이 대지를 깔아뭉개고
사랑의 실연으로 일의 낭패로
빙글빙글 맴돌다
세상 끝으로 밀려나 서성거립니다.

소주 한잔 자시고 하늘을 보면
찬란한 무지개 곱게 서고
천사들 나래 펴서 홍겨워 춤추며
두 팔 벌려 가슴으로 품어줍니다.

소주한잔 부어놓고
김 서방 박 서방 모여 앉아
오고가는 술잔 속에
슬픔도, 기쁨도, 미움도, 사랑도
모두가 하나 되어 정을 느낍니다.

주고받는 술잔 속에
인생이 있어
오늘도 소주한잔 가득 채웁니다.

1993. 8월 가게 집 평상에서

어머님 토막집

이름도 모르고 성도 모르는
주소는 더욱더 알 길이 없네
광주 땅 산 중턱에 자리 잡은 토막집
좁고도 캄캄하여 볼수가 없네
땅의 정기 곱게 타고 피는 아지랑이에
어머님의 고운 음성 실어 나르네

명동이라 영동이라 맨션도 있고
중산층의 문지기가 눈 깔고 내려 보는
달동네 한구석에 토막집이 서러웁네

생명은 출장가고 향기도 외출한
흰 장미 한송이에 바람도 외면한 채
외로운 벌 한 마리 속아서 울고 있네

잔디도 낯설어 서먹한 토막집에
심술궂은 바랭이가 친정 왔는가
올케 잔디 속에 얼씨구나 절씨구나
낫이 다녀갈 길 고요한 이 길에는
소음 싫은 제초기계 흔적이 산만한데

반석에 푸른 하늘 살포시 내려앉네

눈을 들어 하늘 보리 높은 하늘 파란 곳에
낙하산 꽃무리가 곱게 피어 내려앉고
산 밑 호숫가엔 강태공이 한가롭다.
고개 돌려 앞집에는 부부 정이 무거웁고
동네 중턱 샛길에 이사행렬 늘어서서
지난 세월 더듬으며 서러워서 울고가네

1994. 6. 13. 어머님 산소에서, 49제를 맞아

회상

내 마음의 창문을 열어봅니다.
눈을 부라리며 크게 치켜 봅니다.
하지만 안개만 자욱이 피어 있습니다.
내가 자랑할 것이라곤
그 아무것도 보이지 않습니다.
목을 길게 빼고 발꿈치를 치켜들어
신발을 거꾸로 신고 숨 가쁘게 달려온
내 헝클어져 있는 발자욱들이
물 투명한 유리창을 내다보는 바깥풍경처럼
모두가 희뿌연 할 뿐입니다.

눈을 감고 가만히 생각합니다.
내 마음 가장 은밀한 자리에 숨겨둔
내 얼룩배기 삶을 끄집어냅니다.
군데군데 자국 난 흠집에
내가 이루지 못한 꿈들이
한이 되어 곰팡이가 극성입니다.

꿈과 현실은 따로따로 놀아나고
사랑과 미움은 이웃사촌

슬픔과 기쁨은 연인사이라지만
크고 작은 바람에 내맡겨져
흔들지 않으면 안 될 나였었기에
지금 나는 나 자신을 사랑할 수가 없습니다.

저 멀리 내던져버리고 싶은 내 삶을
버리지 못하고 무겁게 등에 업고
끈질기게 살아온 내 삶의 끝자락에
네 개의 열매가 달렸습니다.

모진 비바람 불어와 나무둥치가 흔들려도
그 열매는 병들지 않으며
설익은 채로 결코 떨어지지도 않고
향기 그윽하고 빛깔 좋게 탐스럽게 익어갑니다.

언젠가는 그 그늘아래서
내 삶의 엑기스를 마시며 즐거워할 그 날을 봅니다.
그러기에
나는 나를 미워할 수가 없습니다.

1994. 9월. 추석을 맞이하여

배나무 고개

노아 홍수 전설어린 세월 묶은 고향고개
배나무가 있었다고, '이현(梨峴)'이란 고갯길을
거름 한 바라지 지고 넘어가면
보리 한 섬, 밀 한 가마 오목지고 오던 고개
비틀 비틀, 똥 장군에, 가지, 호박 물외 따 얹고
아슬 아슬 할머니 머리 위 오줌추마리엔
손자 고추 빨간 고추 자랑일세
꽁보리밥 된장찌개 새 아씨 함지박은
참깨 들깨 사랑담아 신명나서 넘든 고개
금 나와라 은 나와라 요술쟁이 고갯마루

등 굽은 정자나무 가지 끝에 구름 걸고
자야! 순아! 옥이! 숙이! 모두 나와 춘향 되어
치맛자락 바람물고 하늘 가르며
사뿐 사뿐 뛰는 그네 동네 총각 상사병이 웬일인가
밤에 내린 소낙비로 얼굴 씻은 청석마루
동네 아낙 모여들어 웅뎅이 푸짐하게 내려깔고
입담 깃든 고개 마루 정담어린 고갯길을
못 잊어 찾아왔네 옛님 찾아 돌아왔네

그리움은 파편 되어 사리사방 흩어지고
금의환향 푸른 꿈을 주름 잡힌 청석결에 묻혀
콩크리 이불 덮고 고이고이 잠을 자네
쿵당 쿵당 디딜방아 달님 찾아 하늘가고
내가 살던 초가집도 저승가고 없는 자리
어느 낯선 풍요가 자리 잡고 양반다리 하고 앉아
긴 수염 쓰다듬고 고개 돌려 외면하네

반겨줄 이 하나 없이 외로움을 어찌하랴
부끄럽고 아픈 가슴 하늘 보며 진정하고
새로운 꿈 곱게 엮어 내 영혼의 집에 금줄치고
다시 올 길 기약하고 두 주먹 불끈 쥐고
오늘은 서러운 나그네 되어
향기 잃은 향수 달래 마음 가라 앉히고
못 이룬 꿈을 마셔 목을 적시고
내 고향 정든 고갯길을 울면서 넘네

1995. 5월 동창회를 마치고 상당골에서 잠을 자고

소나기

예고도 없이 남쪽 하늘 저 멀리서
성난 폭풍에 떠밀려온 먹구름이
설움과 고통을 참지 못하고
끝내 울부짖고야 만다.
쿵쾅쿵쾅 가슴을 치며
주루룩 주루룩 세상을 두들겨 팬다.
혼탁한 먼지를 씻어 버리고
매캐한 사람내음 날려 보내고
보이지도 않고 잡히지도 않은
마알간 하늘을 새롭게 열어
마음의 언덕빼기에 무지개 꽂아
찬란한 태양을 안고
생명의 합주곡을 연주한다.

1995. 8월 옥상에서

도봉산 계곡에서

살아가는 애환 보따리를
산 오지랖에 잠깐 풀었다가
숨 한번 길게 들이키고
산정으로 오르는 발길들이 가볍다.
끊어질 듯 하면서도 이어져만 가는
돼지창자처럼 꼬불한 산길을
한 줄로 길게 늘어져 오른다.

숨이 차, 그만 샛길을 빼져나와
계곡 널 따란 바윗 상에
삶의 두루마리는 길게 펼쳐 놓고
우리들의 이야기들을 적어
바위를 감싸고 도는 계곡물에 띄워 보낸다.

푸르름의 터널을 통하여 불어온
도시의 혼탁한 바람이 매달려 모욕을 하고
옷깃에 묻어온 인간들의 잡다한 내음을
한숨에 순화시켜 버리고 마는
5월의 싱그러운 푸르름이
어깨동무하여 뭉쳐진 사이로

조각난 파란 하늘 길을 따라
살포시 내려앉은 따사로운 햇빛을 안고 잠시 머물며
우리들의 이야기에 끌리어 그만 곤두박질을 한다.

어디선가 때 이른 낙엽하나
도둑맞은 시간들이 아쉬워
허공을 맴돌다
슬픈 푸념을 붉게 품어내며
계곡물 마알간 등을 타고
우리들의 남은 짧은 날들을 곱게 수를 놓아
삶의 긴 여운을 남기고
슬픈 작별인사를 한다.

1996. 5. 13. 도봉산에서(명덕 야유회)

자라는 진주

하늘의 태양처럼 밝게 빛나고
땅속의 보석되어 맑아 영롱하고
바다의 진주로 고아서 아름다워라.

키 큰 대나무처럼 하늘 높이 치솟아
단단하게 여문마디로 길게 이어져
언제나 푸르러 강해서 튼튼하여라.

알알이 꽉 찬 가을 석류 알처럼
아름다운 마음이 은하수 물결 타고 흘러
서편하늘 새벽별 되어 찬연히 빛나고
넓디넓은 우주에 긴 생명으로 살거라

1996. 11. 2. 소현이 첫돌을 맞아, 돌맞이 한 할아버지

삶터

오늘이 어제되어 아쉬움의 그림자 내려앉은 자리에
내일이 살며시 찾아와 나래를 편다.
기쁨과 슬픔이 술래잡기 하는 여기
살다보면 더 좋은 새날이 오지 않겠느냐는 푸념이
질기디 질긴 삶의 힘줄로 이어져
손때 묻은 세월을 꿰매어 내 삶터를 두른다.

저 언덕 넘어 무지개 꽂히는 곳에서
삶의 요정들이 손짓하는 미소에
애써 눈길을 돌리고
진실의 유람선을 타다 심한 멀미로
그만 주저앉고만 이 자리를
홍수처럼 밀려오는 풍요로움도 외면을 한다.

물 한바가지 울컥 허기 채우며
입어도 등이시려 움크려 떨던
지나간 날들이 얼룩진 허물을 벗지 못하고
쉽게 닿지 않은 내일의 꿈을
애타게 부르는 목쉰 절규만 맴돌 뿐
그저 세월은
내 몸뚱아리를 싣고 울타리 넘어 서쪽하늘로
자꾸만 자꾸만 기울어져 간다.

1996. 12월. 96년 또 한해를 보내면서

기도하는 마음

살며시 머리 숙여 기도 하세요
무겁게 지고 있던 근심 근심 벗어놓고
움츠렸던 나의 가슴 활짝 기지개 펴며
굽었던 나의 허리 아기 쭉쭉이

조용히 눈을 감고 바라보세요
어지러운 세상어둠 가만히 걷어내고
나그네 부르는 호젓한 겨울 산길
예수향기 심취하여 두 손 들고 달려가세

가만히 귀를 열고 들어 보세요
자질구레한 일상의 허물 벗어놓고
영원으로 통하는 생명의 소리를
주님손길 엄마 손길 따스함이 두터웁네

1997. 1. 1. 0시

영혼들의 잔칫날

하늘 문이 열리고 땅이 솟는다.
고향계신 아버님의 외톨박이 영혼이
자신의 피눈물에 얼룩배기 도포를 입으시고
철마를 타고 와
머나먼 천리 길 낯선 광주 땅 매산리에
그리던 님 찾아 살포시 내려앉는다.

수많은 무덤들이 열리고
영혼들의 환호 속에
어머님의 영혼이 얼굴 붉힌다.
50여년과 긴 외로움이 너무나 커
이웃들의 시선도 체면도 없이
가슴 두근거리는 설레임도 없이
뜨겁게 뜨겁게 포옹을 한다.

목매어 그리던 칠원의 향수가 깔리고
가슴에 묻었던 그리움의 씨앗이
사랑의 함박꽃 되어 피어오르고
하늘의 천사들이 두둥실 춤을 춘다.
옆집 아이도 뒷집 할머님도 아랫집 할아범도

함께 어울려 잔칫날에 신명을 돋군다.
죽은 자들의 사랑이 빛살 되어
산자들의 세상을 밝혀
그 자손들이 숨 쉬고 활동하며 살아가게 한다.

1997. 4. 5. 한식날

※95. 12월 아버님 영혼을 1년간 모신 후 칠원 아버지 산소(덕사골) 흙을 어머님 묘소에 뿌리면서

시집가는 길

사랑하는 딸아!
간다간다 간다더니 길이 막혀 돌아서고
싫다 싫어 싫어져서 망설이던 고빗 길이
소나기 지나가고 무지개 꽂혔구나
엄마의 안태에서 곱게 떨어져
우리 생명의 첫 전령자. 내 아기공주가.
외로운 고고성으로 시작한 네 인생 삼십과
기지개 한번 길게 제대로 펴지 못하고
가야만 했던 대학문 비켜 돌아선 방통대 작은 문
끝내 힘겨워 주저앉은 자리에
네 소박한 꿈들을 먼지 속에 묻어놓고
부모의 어설픈 짐 나누어지고
형제들의 길잡이 고삐에 몸이 엉키어
갈 곳 잊은 한 마리 철새가
남쪽하늘 저 멀리서 밀려오는 따스한 기류를 타고
이제 막 날아서 오르는구나.

1997. 9. 6.

새터

북악산 정기 뻗어 뭉쳐진 자리
초록물결 흐르다 머무른 자리
세상의 부귀영화 치솟다 말고
곱게도 멍이 들어 내려앉은 자리
햇님이 가까워서 더욱 따사롭고
달빛이 더 맑아서 시원하다네

'柱坤' 기둥 하늘높이 튼튼하게 서고
'善慶' 석가래 곱게 다듬어 아름다워라
깃털세운 한 마리 새가 되어
나뭇가지 물어다 꿈을 엮혀면
꼬리세운 또 한 마리
썩어가다 고아진 진흙 물어와
생명의 진액으로 도배를 하여
미래의 꿈 예쁘게 '수' 를 놓고
살며시 윙크하며 교대를 하네

북악자락 늘어선 나뭇가지가
토해낸 푸르름이 물줄기 되어
가파른 언덕을 미끄러져 내려앉은

사랑의 옹달샘에 목을 적시고
가슴 가득히 벅차오르는 따뜻한 마음의 창문을 연다.

새로 태어나기 위한 고통이 따르고
지금은 비록 삶 알이 없어도
미지의 설레임 속에 솟아나는
새로운 시작을 위한 다부진 용기로
아름다운 꿈의 고리를 구름수레에 걸고
사랑의 '에드브론' 하늘 높이 띄웠네

하나님의 사랑과 은혜로 이어지는
천상의 줄다리 길게 걸쳐 놓고
하늘을 보며
미래를 보며
언제나 다정한 속삭임 있네
소중한 '믿음' 을 심고
귀중한 '소망' 을 가꾸어
달콤한 사랑의 열매를 따자고 하네

1997. 9월 아버지 김일규(선경이 살림집을 내며)

관악산

수줍어 구름에 얼굴 가리고
푸른 물이 뚝뚝 떨어지는
싱그러운 하지를 쭉 뻗어
도심에 멍든 영혼들을 유혹한다.

나뭇가지에 매달린 가을바람의 짙은 애무에
푸른 잎들은 살짝 얼굴 붉히고
침묵하는 바위의 두터운 입술 간지럽혀
변하지 않는 인정을 말하게 한다.

아직도 때 묻지 않는
우리들의 벌거벗은 우정을
푸르고 깊은 가슴으로 껴안고
추억의 젖꼭지를 물린다.

1997. 10. 1. 3. 명덕 동우회 등산가는 날

내날

사노라면 언젠가는 내날 오겠지
비바람 걷히면 맑은 날 오고
해가 지면 달이 떠오르고
달이 없으면 별이 빛나고
밤이 지나면 해가 다시 떠오르듯
지금 내가 웃음 속에 아픔 감추고 살아도
그 아픔 속에는
새파란 웃음의 씨앗이 숨어 있기에
가물어 메마른 내 마음 밭이랑에도
두꺼운 내 꿈의 껍질을 깨고
그 언젠가는
파아란 싹이 돋아나는 내날 오겠지

돈 없으면 자식 복 있고
자식 복 없으면 재복이 있고
날지 못하면 걸어가고
걷지 못하면 기어서라고 가는 복이 있으니
산다는 것은 공평한 것
비록 지금의 내 삶이 고달플지라도
불평 말고 한탄 말고

힘써 일하고 애써 사랑하여 폭풍지난 뒤 고요함 같이
허물어지지 않는 영혼의 집을 쌓고
우리 모든 소원이 다 이루어질
새로운 해가 떠오를 내 날이 오겠지

그날에는
무거웁고 짐스런 내 지난 삶을 뒤돌아보며
환희의 눈물 머금고
움추린 가슴 활짝 펴고
저 높은 푸른 하늘 바라보겠지

1998. 1. 1. 무인년 새해아침

달이 되고파

둥근 해 떠오르면 얼굴 감추고
어두움 들어찬 밤하늘에
살며시 얼굴 내미는
수줍은 달이 되고 싶어라

숨 가쁜 삶의 터전에서
아귀다툼에 지친 뭇 영혼들
우매한 사랑에 간격을 좁혀주는
말없는 은은한 미소로
창가에 반갑게 얼굴 내미는
정겨운 달이 되고 싶어라

새벽을 기다리는 마음속에
거친 비바람 스치고 지나가도
쉽사리 꺼지지 않는
내 작은 소망을 향한
그리움 가득히
어둠이 짙을수록 더 밝아만 지는
둥근 보름달이 되고 싶어라

1998. 2. 12. 정월대보름날 창가에서

봄바람

형체도 없고 냄새도 없는 것이
발도 날개도 더욱 없는 것이
남쪽 하는 저 멀리서
옛 님 그리워
바다건너 산을 넘어 찾아왔다네

눈보라 휘날리는 억센 동장군
보드러운 손길로 살짝 등 떠밀고
깡마른 대지를 젖꼭지 물려
뽀드득뽀드득 살찌우고는
헐벗은 나뭇가지 간지려
해맑은 초록 눈 끄집어 낸다네

언덕 빼기 길가에 노란 개나리
고갯길 산등성이에 빨간 진달래
아롱아롱 아지랑이 고운 살결에
살면서 입 맞추며 황홀해져서
열무꽃 하얀 잔칫상 여기저기 차려놓고
하느적 하느적 여린 몸매로
살랑살랑 간드러진 춤바람에 신이나
새파란 새 생명들 잠 깨운다네

1998. 4월 봄을 맞으며, 성우BD 옥상에서

경매

채 떨어지지 않는 눈꺼풀이 무거워
머리통을 흔들어 본다.
지나간 긴 세월에
'경매' 라는 살찐 말등에
내 보금자리 안장 얹어 보내고
지금 그 말굽에 짓밟혀
만신창이가 되었습니다.

평생 이름한번 제대로
치켜 올려 불리워진 일 없어
이렇게 뒷통수를 얻어맞고는
지금 가쁜 숨을 쉬고 있습니다.

먹고 먹히는 세상이 싫어
한걸음 뒤로 물러나
깡 소주 빈병 속에 내 입술을 빨고
후미진 공원
나무로 곱게 변장한 콘크리트 벤치에
내 몸둥아리는 올려놓고
어렵사리 살아온 내 삶을

경매에 묻혀 봅니다.
하지만 그 아무도 거들떠보지도 않는
무지랭이 같은 내가 미워
허망의 아픈 소리마저 낼 수 없는
신도 미워하는 가련한 멍텅구리 되어
마지막 술잔을 비웠습니다.

1998. 5. 4. 집 경매 날에, 정릉 607-28호 전셋집에서

촛불

내 인생 어느덧 60고개를 넘어
지금 의미 있는 촛불을 밝히고 있다.
그새 단 한번도
성화처럼 활활 불꽃 한 번 피워보지 못하고
세월이 몰고 온
지워지지 않는 얼굴 자욱이
순간 속에
바람이 할퀴고 간 후미진 곳을
언제나 희미하게
그러나 꺼지지 않고 끈질기게
아픔을 감추고
오늘도 모진 바람에
펄럭
숨 가쁜 춤을 추고 있다.

내 인생 넘을 고개 몇 고개일지
후회의 어둔 아픔 몰아 태워버리고
슬픔 속에 작은 미소 끄집어내어
해맑은 내 마음 밝히는 불꽃으로
활활
꺼지는 그날까지 타오르리라

회갑 날 1998. 5. 14. 회갑을 맞아서

살아간다는 것은

삶이란 무엇인가 알지를 못했습니다.
궂은날 지나면 개인날 오고
창자 아파오는 배고픔에 해가 저물면
등 따스고 배부른 새날 오리라
그저 입 꼭 다물고 마치 끝나지 않을 길을 묵묵히 걸
어가는 긴 여정으로만 알았습니다.
긴 겨울 지나 봄날 오면 얼어붙은 대지를 뚫고
끈질기게 돋아나는 파아란 생명의 속삭임을
들을 수가 없었습니다.
살아간다는 것은!
그저 목숨 붙어 있으니 사는 것으로만 알았습니다.
사람답게 산다는 것은
뜬구름 같은 꿈이었을 뿐이었습니다.
그리고 그것은 나의 불쌍한 오만이었습니다.

죽음이란 무엇인가 생각지 않았습니다.
꽃이 피면 꽃이 지고
봄 되면 잎이 되고
가을이면 떨어지고
그저 생명 다하는 날 그 존재가 없어져 버리는

피할 수 없는 허무함으로만 알았습니다.
긴 여름 내내 무성한 잎새들의 싱그러움도
가을이 되면 떨어지고야 마는 낙엽의 긴 여운을
들을 수가 없었습니다.
그것은 철따라 오고가는 순간의 이별로만 알았습니다

그러나 삶이 힘들 때 죽음 생각했고
죽음 앞에 섰을 때는 삶을 애타게 불렀습니다.
그러면서도 알맹이 하나 없는 허울뿐인 내 삶을
포기 하지 못해
허우적거릴 수밖에 없었습니다.
그러기에 정녕 내 인생을 말할 수가 없습니다.
그러니 사랑은 더욱 번거로웠습니다.
그것들(인생, 사랑)은 모두가 사치라고 생각했습니다.

이제 하루를 마지막 물들이는
저녁노을빛 아래서서 어둠속으로 빨려드는
내 생의 끝자락에 매달린 삶과 죽음의 진실을 봅니다.

삶은 약동이며 약동은 색깔이고
색깔은 아름다움입니다.
죽음은 모두가 멈춤이며 멈춤은 어둠이고
어둠은 바로 절망이었습니다.

삶은 살아서 기쁘고, 죽음은 죽어서 슬픔 됩니다.
그러나 그것은 모두가 하나입니다.
태어남은 바로 죽음으로 가는 시작이고
죽음은 정녕 삶의 씨방인 것을
삶이 있기에 죽음 따르고
죽음 있기에 지금의 삶이 더욱 소중합니다.

그러기에
지금 여기 삶과 죽음 사이 한 모퉁이에서
떨어져가는 석양의 한줄기 빛이
못내 사위서 푸른 담장이 넝쿨로
블럭담장을 숨 가쁘게 기어오르고 있습니다.

1998. 5. 20. 회갑을 보내고

동행

살아간다는 것은
죽음을 향하여 가는 길
심심계곡 흐르는 물을 따라
잠시도 머물 수가 없다.

바윗돌에 부딪혀 깨어지는 아픔으로
구멍을 뚫고
낭떠러지로 곤두박질쳐도
새하얀 물보라 일으켜
안개 피우고
빛의 파편에 입 맞추어
무지개 꿈 곱게 피워놓고
강으로 길게 이어지는 물줄기 등을 타고
다시 올 것을 약속하며
때 이른 낙엽 하나
오늘도 나그네 되어
죽음의 길로 동행을 한다.

1998. 5. 27. 회갑을 맞아 정릉계곡에서

삶과 죽음

나는 지나간 죽음을 봅니다.
그리고 죽음 속에서 새로운 삶을 봅니다.
포근히 내려앉은 햇살을 타고
무덤 속 서러움이 안개 되어 피어오르고
주검을 삶이 되어
비단길 고운 푸른 잔디를 살며시 어루만집니다.
생명의 끈질긴 정기를 타고
무덤 열고 살아나오는 어머님 모습에서
삶과 죽음이 손을 마주잡고 있습니다.

순간 속에 살어진 주검 속에서
못다 한 자식사랑 슬픈 여운이
짙은 삶의 향기 되어
영원으로 향하는
삶과 죽음이 하나로 이어지는 통로에서
우리들의 긴 삶을 이야기 합니다.

삶과 죽음은 하나입니다.
내일 아침잠에서 깨어나지 못할지라도
후회 없는 오늘 살기를, 최선을 다할 것입니다.

그것은
죽음은 결코 끝이 아니며
오늘 내가 살았기 때문입니다.
지금 여기 내가 어머님의 무덤 앞에 서서
어머님의 지난 삶을 생각하고
저 고개 너머 죽음 있음을 알기에
지금의 내 삶이 더욱 소중합니다.

지금 살았다는 사실이
나에게는 더할 수 없는 커다란 행운입니다.
그것은 오직
어머님의 죽음이 있기 때문입니다.
그것은 또한 아이들의 긴 삶이 있기 때문입니다.

1998. 6. 6. 장례 후 어머님 묘소 앞에서

양귀비

진시왕의 사랑이야기 한 몸에 안고
6월의 태양 불타는 정열에
양귀비 한 송이 곱게도 피었네

행여나 고운 살결 더럽혀 질까봐
짓궂은 장마 비 등 떠밀어 외면하고
밤하늘 수정이슬 입술에 머금고
하늘하늘 여린 몸 곱기도 하다

님 향한 그리움 사랑의 향기에
비단옷 곱게 입은 벌 나비 따돌리고
헐벗은 거지 파리 반겨 맞아서
겹겹이 싸맨 속살 살짝 들어내
다정한 속삭임이 눈물 겨워라

1998. 6월, 옥상 양귀비 피는 날

예찬

예수님 찬양
하나님 은혜로 주신
고귀한 생명
아버지 눈을 닮아 자랑스럽고
어머니 코를 닮아 더욱 자랑스런
새로운 생명 예찬이가
생명줄 길게 늘어뜨리며
굳은 땅을 뚫고 돋아나는 새싹처럼
엄마의 살갗을 찢고 왔구나

작은 사랑의 쌍주머니 차고
유난히 솟아오른 덩그런 콧등에
승리의 깃발 꽂고
개선장군의 큰 웅지 펼치려
진군나팔 힘차게 불며 왔구나

너무나도 맑아 쉽게 내놓을 수 없어
가느다란 눈꺼풀로 살짝 가리운
네 작은 푸른 눈망울엔
높은 하늘이 펼쳐있고

넓은 바다가 깊어 고요한
언제나 변함없는 푸르름으로
우리들 너와 나의 고운 꿈을 품은
자욱 가득히 사랑이 넘쳐흘러
우리 산다는 의미와
살아간다는 것에 기쁨을 더하여
우리들 영혼의 숨결이
영원히 영원히
하늘생명으로 이어져가는구나

1998. 7. 1. 예찬이가 오던 날, 외할아버지가

밤에 우는 매미

지친 도시인들의 몸뚱어리를 싣고
무엇인가에 쫓기는 듯
다리는 건너고 터널을 지나 끝이 없는 길을
자동차 행렬이 꼬리에 꼬리를 물고
미친 듯 질주를 하며 빚어낸
텁텁한 세상 막걸리에 취해
시도 때도 분별 못하는 멍텅구리 매미가
노래를 한다.

아침 맑은 이슬 달콤한 맛을 잊어버리고
태양도 제집에 가고 없는 시커먼 어둠에서
인간들이 마시고 토해낸 먼지를 먹고
목이 쉬어 노래를 한다.

시나브로 불어오는 남풍에
간들간들 춤추는 가로수 잎새 위로
물안개 자욱히 어둠 밝히는 가로등 불빛에
하루살이 짧은 생명이 모여들어
스쳐가는 시간이 아쉬워 추는 막춤에
넋을 놓고 구슬프게 노래를 한다.

1998. 8월 옥상에서 가로수는 내려다보며

우리는 하나

우린 둘이면서 하나이기를 원합니다.
우린 하나이기를 원하면서
둘 그대로 남아있었습니다.
우리가 하나라고 생각할 때면
그것은 현실이 아닌 꿈이라는 걸 알게 됩니다.

서로가 서로를 간절히 원하면서도
화내고 짜증내고 미쳐 발광하며
쉽게 다가서지 못하고
늘 그대로
나는 하늘이었으며 당신은 땅이었습니다.

하지만 우리는 늘 그대로
하늘의 끝자락을 깔고
땅은 얼굴을 내밀어 비비며
한순간도 떨어져 본 적이 없는
언제나 꼭 붙어있는
작은 우주임을 알았습니다.

이제

손과 발이 각각 달라도
걸을 때는 하나 되듯
우리는 언제나 하나일 것입니다.
흘러가는 시간 속에
사랑하면서도 미웁고 미웁다가도 사랑하게 되는
하나님 참사랑에
우린 닮은꼴이 되어 있습니다.

이젠 우리는 외롭지 않습니다.
우리들 생명의 곁가지들이
우리를 하나로 단단히 떠받쳐
언제나 더해가는 푸르름의 공간속에서
우린 영원히
한 몸뚱이로 살아갈
이제 버릴 수 없는
우리는 하나입니다.

1998. 8. 30. 정신이 몽롱해진 당신을 보며, 을지병원에서

호연(昊淵)

키가 작아 너무 야무진
네 어미의 작은 배를
등거러니 밀어 올리고
유난히도 힘찬 배냇짓을 보며
예뻐서 몸살이 나고 말
귀여워서 깜찍한 소현이를

"언니"라고 부르는 여식 보다는
"누나"라고 부를 수 있는
거세게 튼튼한 사내이기를 바라는
우리들의 마음 밭에
네 첫 울음은 믿음의 강이 되어
씨앗(생명)의 쌍주머니 차고 왔구나

네 초롱초롱한 눈망울은
강물위에 내려 앉아
수정처럼 빛나고
네 작은 가슴을
풍성한 가을들판 보듬고
큰 바다를 이룰

너와 나의 찬란한 꿈을 싣고
우리들의 영원한 넓은 미래로
억겁을 두고
생명의 강물로
도도히 흘러갈

정녕
너는 하늘의 연못
바로 천지 이니라

1998. 10. 1. 호연이가 오던 날, 경희 의료원에서

공동묘지

몸은 어둔 무덤 속에 한줌 흙으로 변하고
육체 잃은 영혼들이 말없이 살아남아
이 세상 끝과 저 세상 시작의 공간에서
한 순간에
지나가버린 삶을 아쉬워한다.
고통을 몰랐던자들 저 아래 명동에 있고
고통을 아는 자들이 뒤 달동네에 있다.

아래 있는 자들은 지나간 삶을 묘비에 자랑 새기고
자손들이 그 웃음을 먹지만
진실 된 인생 냄새를 맡지 못해
안개 짙은 길목에서
갈 곳 몰라 서성거리고 있다.

위에 있는 자들은 자랑할 것 아무것 없어
이름 석 자 무겁게 내려 깔고 있어도
향기로운 인간 내음을 맡으며
영원으로 가는
천국의 계단 앞에 서서
기쁨의 눈물 흘리며
돌아서는 자손들의 여린 마음이 걸려
차마 오르지 못하고
그 축 쳐진 어깨를 치켜세워 토닥거린다.

1998. 10. 5. 추석 성묫길에서

내 고향은 칠원입니다.

오늘은 한가위
모두가 고향을 찾아갑니다.
내 인생 60고개를 넘어 회갑의 고향은 멀기만 합니다.
고개마다 그리움의 낙엽 쌓여 묵어있는
저 남쪽 하늘 아래 아늑히 자리 잡은
내 고향은 고읍 칠원입니다.
내 할아버지 고향은 태곡입니다. (함안 칠서 태곡)
사람들이 '뱃골'이라 부르는 소박한 농촌이랍니다.
그 곳은 할아버지의 할아버지가 사셨던 곳이랍니다.

내 할아버지는 김령(金寧)김씨 충의공파 24대손
8형제의 넷째로 '치(致)' 자(字) '권(權)' 자 랍니다.
할아버지는 당신의 할아버지를 닮았습니다.
개척정신의 깃발 들고 고향을 떠나
원님이 계셨다는 옛 고을 '칠원' 으로 오셨답니다.
여기서 아들을 낳으시고 그 아들들이 또 아들을 낳았답니다.
그래서 아버지와 나의 고향은 칠원이랍니다.

아버지의 형제는 두 분의 백부님 한분의 숙모님

그리고 큰 고모 한분에 작은고모 한분
4남 2녀 육남매의 넷째 였습니다.
우리는 외롭지 않았습니다.

그러나 나는 이 모두를 알지 못합니다.
대청마루에 앉아 긴 곰방대 물고
아직도 알 수 없는 '녹상내바구' 라는 이름으로
나를 불러 당신무릎에 앉히시고
희뿌연 담배 연기 길게 내뿜으시며
나를 얼르시던
할아버지의 인자하신 모습이 아련할 뿐입니다.
스쳐 지나간 100년의 세월 속에
모두가 아버지의 아버지를 따라 그 길을 갔습니다.
이제 나는 하나로 남아
외로운 나그네 되어 내 고향 칠원 남쪽하늘을 봅니다.
큰 백부님 성(性)자 도(度)자
한 분의 숙부님 용(龍)자 득(得자)
그리고 작은 고모 끝순이
이렇게 네 분 형제만 내 고향 칠원에서 살았답니다.

내 아버지는 선(善)자 용(容)자로
긴 뚝을 따라 올라 내를 건너 칠원읍에서 떨어진
'동뎅이'에서 살았답니다.

'선용'이라 부르리가 힘들어
'설룡'이라 부르시던 앞집 반 씨 아저씨
나란히 두 집만 살던 이곳에 도랑 건너
박 씨 공 씨 이사를 와
키가 큰 버드나무 늘어서 있는
넓은 배꼽마당, 잣 치기, 구슬치기 아이들의
흥겨운 놀이에 해가 저물면
모깃불 피워놓고, 자장가 불러 아기 재우던
친정 온 앞집 누나, 아기자랑에 밤을 지새며
입 맞추었습니다.
봄이면 보리타작, 도리깨소리, 가을이면
나락타작 탈곡기 소리
풍성한 타작마당 막걸리 한잔 흥겨워서
삼반구 반 씨 삼촌 구성진 노래 가락에
외양간 송아지 뒷다리 살 오르고
마루 끝 복슬강아지 꼬리 춤추는
내 고향 동댕이는 즐거웠답니다.

내 할아버지가 그러했듯이
아버지는 당신의 아버지를 닮았습니다.
아버지는 고향 떠나 바다를 건넜습니다.
그것을 개나 소나 징용을 피하고
금의환향의 꿈을 꾸었기 때문입니다.

그러나 내 고향 칠원은 짙은 향수로 아버지를 불러 들였습니다.
그것은 하나뿐인 아들인 내가 있었기 때문입니다.
그래서 우리는 좋았습니다.
그러나 되찾은 고향의 포근함은 짧았습니다.
이 모두가 하나님의 질투였습니다.
살찐 송아지의 넘쳐나는 힘자랑에
동짓달 메주콩 디딜방아가
우리의 평화를 으깨고 말았답니다.

고향은 우리를 외면하였습니다.
하나님은 어머니를 미치광이로 징계를 하고
아버지를 구제받지 못할 영원한 나라로
우리를 갈라놓았습니다.
그것도 어머님을 대신할 순애보의 진혼곡을 남기고
푸르죽죽한 무중이 바지에 가슴파인 삼각무명내의에
얼룩진 어머님의 핏자국이
너무나도 선명하게 남아있습니다.
가운데로 갈라놓은 가르마의 뚜렷한 선은
흩어져버리고 아버지를 마구 짓밟던
내 어머님의 지나친 발광이 너무 무서워
우리 남매는 울었답니다.
앞집 반 씨 아저씨 내외분, 할머니

그리고 삼반구 삼촌이 달려와서는
모두가 크게 놀랐습니다.
내 아버지는 온기를 잃은 뒤었답니다.

죽음이 무엇인지도 모르는 채로,
슬픔이 무엇인지 모르는 채로
어린 남매는 무서워 울었습니다.

어머니는 예수의 피를 부르다 미치고
백부와 숙부는 어머니를 부엌방에 가두고
널빤지 십자가로 못질을 하고
아버지를 상여 태워 덕사 골에 장사 지내고
우리 집 친척들로 ⁇
발가벗은 어머니 몸에 귀신 쫓는
복숭아 새가지가 핏멍줄을 그립니다.
송아지, 강아지도 어딜 가고 사라졌습니다.
곳간 곡식도 모든 것들이 없어졌습니다.
우리는 두 남매만 댕그랑 남았습니다.

내 고향 칠원이 무서워졌습니다.
우리는 외할머니 손을 잡고 외가(신산)로 갔습니다.
나는 어머님 왼손을 묶은 고삐를 잡아 끌고
외할아버지는 어머님을 소 몰듯 몰았습니다.

함안, 군북, 창녕, 영산, 의원 찾아, 절을 찾아 삼만리
하지만 모두가 허사였습니다.
어머니는 오직 십자가를 바라볼 뿐이었습니다.
교회를 찾아 무릎을 꿇고 두 손을 물었습니다.
우리는 하나님의 징계에서 풀려나 자유를 얻었습니다.

우리 세 식구는 칠원으로 되돌아왔습니다.
반겨줄 사람 아무도 없어 산천도 말이 없었습니다.
성난 어머님의 모성은 강했습니다.
달랑 외가에서 주신 내 등짐에 쌀 한말
이것이 우리의 생명선이었습니다.
대문을 열어주지 않은 숙모님 냉대가 서러워
덕사 골 아버지를 향해 울었습니다.
그러나 가난을 우리를 떠나지 않고
끈질기게 달라붙어 한을 만들고
그 한은 눈물을 마르게 하였습니다.
눈물이 메마른 곳에 웃음 더욱 있을 리 없고
웃음이 없는 고향 칠원이 싫어졌습니다.
깔되곡 고갯길을 바라보다가
기어이 그 고개를 넘었습니다.

청운의 꿈을 안고 서울로 왔습니다.
농촌 모잔자 가난한 칠원 촌놈이

향학열에 불탄 가슴 배고파 식어가고
화신 앞 네거리 교통순경 호루라기가
묘기소리되어 귓전을 스쳐갑니다.
서울이 변해가니 나도 변해버렸습니다.
깨어진 내 꿈조각 배고파 삼키고
빈 들판에 선 허수아비 내 삶이 시리어
학업의 얇은 허울 벗어던지고
부러운 푸른 제복을 입었습니다.

제대를 하고 다시 시작을 서울에 계획하였지만
내 몸뚱이는 돈의 불모가 되어
나를 부산으로 몰았습니다.
그러나 그놈은 내 삶의 그물을 빠져나갔습니다.
어머님 피땀의 결정체인 고향의 논밭까지 데불고
얄미웁게 미끄러져 살어졌습니다.

비탈길 끝에 서서 결혼을 하고
잠시 머물다가 향수의 마지막 보따리를 싸매고
성공하지 못하면 절대 찾아오지 않으리라
내 고향 칠원 땅에 피를 토하며
어머님을 모시고 우리 네 식구가
마지막 하직 인사를 하였습니다.
하나님의 시기는 끝나지 않았습니다.

모든 것이 엉키고 꼬였습니다.
부산에서 다시 서울로 왔습니다.
서울은 모든 것이 변해있었습니다.
코 밑이 급해 우왕 좌앙 정신을 차릴 수 없었습니다.
이렇게 출랑대다 고향을 잊고
나는 서자가 되고 말았습니다.
그래서 나는 내 자신을 버리고 싶어집니다.
고향은 잊으려는 진한 몸부림입니다.
그것에는 진한 그리움이 있기 때문입니다.

저 남쪽 고읍 칠원은
서러운 내 마음 밭이랍니다.
그곳엔 내 아버지가,
아버지의 아버지 혼이 깃들어 있고
내 어머니의 애환이 서려 있고
그 속에 내 생명의 잔뿌리가 늘어져 숨 쉬고 있기에
잊어버리려 해도 지워 버릴 수 없는
영원한 내 슬플 고향이랍니다.

1988. 10. 5. 추석을 맞아 고향 그리며

젖줄

오늘도 엄마의 가슴을 더듬는다.
옛날의 풍만한 가슴은 사라지고
할머니의 늘어진 가슴처럼
쭈구러 들어 허전하기만 하다.

창자가 꼬이고 목은 심한 갈증을 느끼고
입술 말라 뿌옇게 흰눈개비가 핀다.
다리를 쭉 뻗쳐 용을 쓰고
송아지 머리로 치밀어 봐도
엄마의 진국은 없고 희멀건 거물만 나온다.

내 입술이 갈라지고
혀가 피멍이 들어
만신창이가 되어도
단 하나의 생명줄이기에
아픔을 감춘 선웃음 지우며
말라붙은 내 젖줄을
오늘도
어쩔 수 없이
빨 수밖에 없다.

1998년 10월 10. 사무실 컴퓨터 도둑을 맞고(퇴직 통보를 받고)

기도

기뻐하게 하소서
매일 아침 단잠에서 깨어나면
먼저 창문을 열고
눈이 부시도록 떠오르는 태양을 보며
넓디넓은 푸른 창공을 향해
내 마음 묵은 찌꺼기를 토해내고
크게 소리치며 기뻐하게 하소서

간구하게 하소서
언제나 일을 시작할 때면
마음 문을 활짝 열고
배고파 울어대는 어린애처럼
기를 쓰고 보채며
갈급한 심정으로 울부짖게 하소서
내가 일을 실패할 때면
실패는 결코 패배 아님을 알고
당신의 뜻에 내 몸을 맡기고
가물어 갈라진 논바닥을 치며
하늘을 우러러 보는 농부처럼
두 무릎 단정히 꿇어

애타는 심정으로 부르짖게 하소서

감사하게 하소서
내가 기쁠 때나 슬퍼질 때
같이 한 사랑하는 사람이 내 곁에 있어
내가 어두운 밤길을 걸을 때면
등불을 들고 내 손을 이끌어 주고
내가 절름발이로 절룩거릴 때
4쌍의 지팡이가 내 몸뚱어리를 받치고
내 마음 허전할 때면
진주알 재롱 빛이 마음창고를 가득 채우고
나에게 주어진 그 어느 것 하나라도
소중한 것임을 알게 하여 주심을
눈시울 적시며 고마워하게 하소서
세상 모든 것이 당신 것이며
내가 당신을 힘입어 이렇게 외롭지 않게
지금 살아가고 있다는 것을 감사하게 하소서

1998. 10. 13. 바울전도회 주최기도원을 다녀와서

용문산

소슬이 불어오는 가을바람에
자신도 모르게 붉게 물들어 버린
주단 같은 머릿결을 곱게 빗질을 하고
푸른 옷고름 길게 늘어뜨린
따뜻한 가슴으로
삶의 무게에 짓눌린 지친자들을 품는다.

억겁을 지켜온 마당바위, 용각 바위
젖가슴 부풀어
마르지 않는 젖줄을 빨고
천년을 굳게 살아온 은행나무
그 지고한 기상과 인애가
어머니의 큰 사랑을 전하고
생각보다 작은, 작다기보다는 아담한
긴 역사 어린 용문사
부처님의 자애로움이
버리고 살아도 좋을 많은 것들을 일러
일그러진 마음들을 다독거린다.

영원히 헤어나고 싶지 않은

용문산 품속에 얼굴을 묻고
엄마의 진한 체취 맡으며
무릎에 웅뎅이 내려 깔고
어설픈 재롱 피우며
지난 기억들의 창고 문 활짝 열어놓고
미소 머물게 하는
추억 한 자락 끄집어내
웃음꽃 곱게 피우고
잊어가는 우리들의 가을을 거두어
입맛 다시고
울창한 수목사이에 숨어 있는 계곡 젖꼭지에
젊음의 찐한 포옹을 곁눈질하며
샛노란 옷으로 곱게 단장을 하고
두 줄로 늘어선 노란 꿈결을 빠져나와
우리들의 황혼 길을
묵묵히 걸어만 간다.

1998. 10. 23. 용문산에서(동창회 야유회를 맞아)

국화

머리에 인 태양이 너무 따가와
고개 숙이기를 수십 번
실발을 뻗기가 너무 비좁아
넘어져 시들기를 또한 수십 번
심줄 같은 끈질김으로
생명줄 붙들고 늘어져
긴 여름 아픔을 거쳐
별빛 차갑게 내려앉은 자리
샛노란 분국화 자랑스럽게 피었네

콘크리트 바닥에 시집살이 어려워
무겁고 짐스런 삶일지라도
외로운 떠돌이 벌 불러들여
넓디넓은 세상 이야기 다정스럽게 듣고
광활한 들판, 깊은 산골짜기 보며
바다를 부르는 한강물 노래 들으며
떨어지고 말 겨울 두려워 않고
찬 이슬 함초롬이 머금고
승리의 깃발 들고 활짝 피었네

1998. 11. 5. 옥상에 핀 국화를 보며

낙엽

싱싱하게 푸르른 아야기들을 남기고
아쉬운 이별이 서럽다.
세상의 잡다한 먼지 듬뿍 뒤집어쓰고
시나브로 불어오는 미풍에
인생의 희노애락 잡다한 사연들을 실어
온 세상 띄워 보내고 산들산들 춤추던
지난 시간이 아쉬워 대롱대롱 매달려 애원을 한다.

서슬이 불어오는 가을바람에 그 몸뚱어리를 맡기고
추락에 추락을 거듭한다.
이제만 끊어 지고야만 가쁜 숨을 몰아쉬며
죽음보다 더 아픈 고통을 안고
이리 저리 어지러히 굴러다니다
길섶 한 모퉁이에 몰려든
앞서가는 동료의 얼굴에서
떨어지는 것이 다시 만남의 기약이고
썩는 것이 곧 새로 태어나기 위한 것임을 알기에
꼬리에 꼬리를 물고 자꾸만 떨어져만 간다.

굴러다가 개의 발굽에 짓밟여 산산조각이 나도

포기하지 않고 고통을 참으며
다정한 청소아저씨 손길에 이끌리어
몸을 태우고 혹은 어디론가 실려가도
땅속 깊은 생명 젖줄을 잡고
파란 새싹의 눈을 보기에
지금 너털너털 미련 없이
고향 길을 찾아간다.

1998. 11월. 가로수 낙엽을 쓸어 모으며

부익부 빈익빈

부익부 빈익빈 금줄을 치고
가진 자 마음에 봄바람 일고
못가진자 가슴에 겨울바람 차가웁네
가진 것이 자랑스러워
힘주어 높아진 어깨를 딛고
당당한 살찐 모가지 앞에
못 가진 자 목덜미가
오월의 서리 맞아 고꾸라진다.

인생을 담보 잡아 얻은 권리로
눈망울 크게 굴려 치켜 올리고
휘두르는 육모방망이 서슬에
알몸으로 피멍이 들어도
인생을 담보한 빚진 죄인 되어
눈을 내려깔고
대가리가 무거워 고개 숙인다.

힘쓰고 애써도 내 몫이 없는
부익부 빈익빈
내가 넘을 수 없는 절벽을 보며
오늘도 들러리 인생
묻어나는 독한 슬픔을 삼키며
서러운 박수를 친다.

1998. 12. 19. 신교수 아들 예식장에서

꿈

새로운 생명을
예쁜 꽃 속에 고이 담아
찬란한 열매의 꿈을 키워가는
작다란 꽃나무처럼
가슴에 간직한 내 묵은 꿈을
오늘도 정성껏 어루만져본다.

계절의 또 다른 변화를 꿈꾸고
푸른 비단옷을 벗어 버리고
서산마루에 서 있는
앙상한 나뭇가지 끝에 걸려
내 남은 짧은 시간을 곱게 태우는
석양의 이별이 못내 아쉬워
지금도 내 꿈을 키운다.

사철 푸르른 나무처럼
언제나 푸르른 삶을 살고픈
내 작은 마음을
가시돋힌 장미 넝쿨을 만지며
예쁘게 피어날
붉은 장미 한 송이 기다리며
오늘도 내 묵은 꿈을 키운다.

1998. 12. 31. 지는 해를 보며

새날

오늘이 어제로 가는 길목에
아쉬움의 그림자 내려앉은 자리
내일이란 새날이 다가와
살며시 묵은 어둠을 밀어내고
오늘이란 새로운 하루를 연다.

지나간 시간 속에
가슴이 시리도록 아픈 기억이
진하게 묻어나는 슬픔 있어도
바람이 매서울수록
더 힘차게 돌아가는 풍차처럼
힘찬 용기로 오늘을 맞는다.

나를 업고 있는 오늘이란 새날이
태양이 서쪽에서 떠오르는
기적을 바랄 순 없지만
어제와 같은 오늘이 아닌
내일을 준비하는 오늘 되기를
간절한 가슴에 두 손을 모은다.

시간을 몰고 멀어져가는 세월들에
아쉬워 여린 마음 곱게 달래며
설레이는 가슴으로
저무는 하루를 껴안고
석별의 정 나누어 보내고
새롭게 떠오를
내일의 태양을
뜨거운 입맞춤으로 맞는다.

1999. 1. 1. 무인년을 보내고 기묘년을 맞으며

작은 나무 한 그루

썩어 문드러져 흐르는 오수 빨고
먹다 남은 잔칫상 찌꺼기 주워 먹고
토해버리고 싶은 구역질 참으며
메마른 칠원 땅 비탈진 배납곡에
실뿌리 내린 작은 나무 한 그루
오월의 된서리 맞고 시들다가
서투른 정원수 손에 이끌리어
부산 거쳐 한양 땅에 뿌리 뻗었네

지뢰 묻혀 있는 생존경쟁의 길을
조마조마한 가슴으로
곡 마당 외줄타기 삶속에서
모진 풍파 찬 서리 참고 견디어
힘들여 뻗은 줄기 4가지에
겹 가지 새롭게 터져 나가네
싱그러운 푸른 자락 길게 뻗어
정다웁게 어깨동무 하여
뜨거운 햇볕가려 만든 그늘에서
네다리 쭉 뻗고
잠 한숨 푹 자면서
개천에서 용이나
힘차게 하늘 오르는
또렷한 내 꿈을 꾸고 있다네

1999(기묘년). 2. 16. 설날을 맞아

너희는 하나

하늘의 신기 뻗쳐 내리고
땅의 정기 솟아올라
사랑의 열기 자욱한 공간에
비익조 두 마리가
사랑의 마술사로
한 마리 '진은새' (진? 은미) 불사조 되어
서로 사랑하는 마음에 불을 지피어
푸른 하늘 차고 오를
'천생연분' 너희는 하나이니라

언덕 넘어 피어오르는 무지개 위로
맑게 흐르는 꿈의 기류를 타고
사랑이 영글어가는 황금들판을 지나
별빛 흐르는
잔잔한 호숫가에
아담한 둥지 털어
다가올 백년을 향해
희망몰이를 시작하는
영원한 '짝꿍' 너희는 하나이니라

지금은 비록
이제 막 정지작업을 끝낸 농지처럼
있는 것보다 없는 것이 더 많은
외로운 시작일지라도
새내기 인생의 풋풋함으로
미래의 풍요를 향한
굳은 확신 속에
작은 사랑의 실천으로
꿈을 현실로 바꾸어나갈
영원한 '동반자' 너희는 하나이니라

둘이 하나가 된다는 의미는
둘이 합하여 하나로 남는다는 것이 아니라
둘이 존재함으로 하나가 되는 것
삶이란 긴 여정 속에
어쩌면
개인 날보다 더 많을 수 있는 흐린 날
몰아치는 폭풍우 소용돌이에
날개가 찢기우는 아픔으로
현실의 공간을 벗어나
미로에서 길을 잃고
방황하다 추락을 해도
결코

포기할 수 없는 인내와 용기로
저 먹구름 위
찬란한 태양
끝없이 펼쳐진 싱그러운 하늘
별무리 사랑이 봇물 터져 흐르는
생명의 긴 강물위로
희망의 '애드벌룬' 두둥실 띄우고

지금 이 순간
짜릿한 설레임 부풀어
서로의 가슴 가득히
영원을 향한
웅비의 나래 힘 모아 펼칠
도약하는 '선구자' 너희는 하나이니라

1999. 3. 6. 진근이 결혼하는 날. 아버지로부터

인생고개

허이 허이
긴 한숨 몰아쉬며 고개를 넘는다.
비 오고 눈 내리고 바람 불어도
한걸음도 비껴서지 아니하고
터덜터덜
오늘도 고개를 넘는다.

한 고개 넘었는가. 한숨 돌리면
어느새
또 한 고개 꼬리물고 다가와
코앞에 멈추어 선다.
어디론가 돌아갈 길 하나도 없고
'터널' 은 더욱 있을 수 없어
싫어도 고개를 넘어야만 한다.

넘고 넘어온 길 몇 고개인가
어려웁고 힘들어 숨이 가빠서
잠시! 주저앉은 고개 마루
낙엽 잔해 바람에 서럽게 울고
겨울 내 움추렸던 마른 나뭇가지가

떨어질 듯 엉켜있는 구름조각 매달고
새파란 하늘 그리워
말없이 내미는 파아란 생명의 눈에서
미래의 봄기운을 느끼며
소주 한잔 파아 들이키고
고뇌의 쓴 맛으로 입맛 다시고
깊은 호흡으로 가슴 부풀려
저 언덕 빼기 아래
긴 기적을 울리며 평월을 달리는 열차에
내 영혼 담아
종착역을 향해 터널을 지난다.

1999. 3. 13. 진웅 보증사건을 접하고

문지기

오늘도 드르릉 드르릉 셔터를 올린다.
싱그러운 새벽빛을 한아람 안아들어
한줌씩 구석구석에 뿌려
곤히 잠든 건물을 깨운다.
어제의 쌓인 먼지 털어내고
그제에 얼룩자국 닦아내고
실패자의 광란이 토해 낸
구역질나는 삶의 쓰린 파편들
넉살 좋은 어느 얌체족이
읽다 내던진 구겨진 신문지 한 장
스리슬쩍 양심 깔아놓고
잠깐 실례해놓은
신진대사의 마지막 시체들
장사지내는 궂은일에
언젠가부터 길들여져 있는
지나간 내 시간 속에
오랫동안 삭혀온 내 작은 희망으로
새하얀 하루를 곱게 펼쳐놓고
모두들 각자의 그림을 그리게 한다.

사람과 사람사이
신비한 만남과 서러운 이별 속에
살아가는 희노애락의 정을 느끼며
사랑하는 마음
미워하는 마음
착한마음 악한마음
이 모두가 함께 공존하는 삶의 마당에
모나지 않은 둥근 멍석 깔아놓고
천태만상의 삶을 헤집어
인생의 작은 이야기들을 주워 모은다.

양지바른 언덕 빼기 개나리 울타리에서
피어오르는 꽃향기처럼
가슴 뿌듯이 묻어나는 인정 속에
너와 나
영글어지는 노란 삶의 포근함으로
두 손 마주잡고
우리 살아간다는 기쁨에 눈웃음 짓는다.
건너 마당 또 한 마당
서로 어울리지 못하고 마음 문 닫고
서로를 견제하며 힘겨루기를 하는
강한 자와 약한 자
생존경쟁의 원초적인 삶터에서

이긴 자 손 들어주고
진자 등 두들겨 위로하고
삶에 반칙한자
옐로카드 내밀어 경고를 한다.

현관에 등을 기대고 있는
양철집(샷시) 관리실
인생복덕방의 진열장에
땅에 씨를 뿌리는 농부의 마음으로
잘난 사람
못난 사람
가진 자와 못가진자
모두 하나로 묶어
짧아 아쉽기만한
내 삶의 끝자락에 매달아
마지막 신념으로
헛되지 않을 모양으로
정성들여 올려놓고
도르롱 도르롱
오늘도 하루를 닫는다.

1999. 4. 24. 염창동 성우BD 관리실에서

어머님의 손길

어머님, 나의 어머님
한겨울 몸통 깊은 곳에서
이미 자라고 있었던 철죽 꽃이
붉게 타는 얼굴 내밀어
늘어서 등불 밝히고
메마른 나뭇가지
숨어 있던 아기 눈 파랗게 돋아나
죽은 자와 산자를 함께 반기는
생명력 넘치는 5월의 신록 속에
살며시 피어오르는 당신을 봅니다.

사는 것이 모욕처럼 느껴져
상당골 언덕바지 넘어
길게 구부러진 밭고랑 끝에 앉아
큰 한숨 내쉬며
청상과부 썰렁한 외로움에
목까지 차오른 굴욕 참으며
오직 이 자식 하나 위해
뼈마디 시려오는 고통 이기며
희생을 업으로 알고 살아오신 어머니

새 식구 새 얼굴 보고파
생명줄 늘어뜨려 오시었습니다.

푸른 초목 벗어버리고 서러운 영혼들을 고이 품은
미봉산 척추에서
흘러나온 이슬같이 맑은 골수를
푸르름 가득히
오지랖에 담아
뭇 생명 끌어안고
작은 떨림으로
물보라 일으키는 연못가
그리움에 밀린 외로움 안고
아직도 못다 한 사랑과
아직도 다 건네지 못한 사연 전하려
대나무 평상에 둘러앉아서
철없이 조잘대는
당신의 분신을 쓰다듬으며
제발 좀
잘 살아달라고
두 손 모아 간구하는 나의 어머니
당신의 손길이 따스합니다.

1999. 5. 5. 은미와 더불어(첫 성묘길) 어머님 산소에서

나의 사랑 나의 믿음

나는 행복이 무엇인지를 알려하지 않았습니다.
그러기에 사랑한다는 말은 더욱 낯설어졌습니다.
사랑하는 것이 어떻게 하는 것인지를
나는 알려들지도 않았습니다.
나는 꿈을 꾼다는 것이 싫었습니다.
그러니 바램 같은 것은 생각할 수가 없었습니다.
내 코 밑에 불어 닥치는 모진 바람이
너무나 힘겨웁기 때문이었습니다.

그러나 결코 나는 흔들릴 수가 없었습니다.
그것들은 나의 소중한 삶이었습니다.
내 삶 속에는 당신이 있었습니다.
당신이 화가 났을 때 나도 화를 내어
맞장구를 쳤습니다.
당신이 아파 고통스러워 할 때
한마디 위로가 신경질적으로 변했습니다.
그러나 그것이
당신이 미워서가 아니라
당신을 향한 견딜 수 없는 나의 안타까운
사랑이었습니다.

나는 어떻게 사는 것이 잘 사는 것인지
알지 못했습니다.
내가 내 할 일 다 못해
무능자의 낙인이 찍혀
뼈마디 어스러지는 고통이 와도
나는 아파하지 않았습니다.
내 인생 부도가 나 내 몸이 만신창이가 되어도
나는 결코 슬퍼 울지 않았습니다.

내 곁에는
어느새 나를 닮아 반기는 나의 분신들이
든든하게 버티고 서 있었기 때문입니다.
그들이 시험에 낙방할 때
나는 실망하지 않았습니다.
막내 놈이 철없이 방황할 때
나는 결코 당황하지 않았습니다.
그것은
바로 내일 향한
나의 강한 믿음이었습니다.

1999. 5. 15
정릉 552 삼한빌라 101호에서 이사를 하면서 하면서

고향길

꼬리에 꼬리를 물고
한없이 이어져만 가는 길을 간다.
산이 산을 보듬고
얼굴 마주하고 앉아
정겨웁게 속삭이는
싱그러운 이야기 들으며
그사이 사이를 헤집고 나와
남쪽에서 떠오른 하늘 구름에
고향소식 물어가며
옛길 더듬어 새 길을 간다.

작은 언덕을 사리살짝 넘어
긴 언덕 빼기를 잘라 내고
굵은 산허리 뚫고
들판을 가르고
강을 건너
푸른 물줄기 따라
길게 이어진
결코 낯설지 만은 않은
고향으로 가는 정다운 길을 간다.

덜커덩거리던 소달구지타고
흥겨워 부르던 동요가락에
두 줄로 늘어선 난쟁이 가로수가
간들간들 춤추던 자갈 깔린 한길에
노오란 탯줄 곱게 두른 천일 버스가
뽀하얀 먼지 기둥 매달고
순진한 조무래기들 무지개 꿈을 싣고
도회지로 달리던 등 굽은 신작로길
붙잡아도 뿌리치고 가버린 세월 속에
오랫동안 내 마음 밑바닥에 묻어둔
찐한 그리움 깔아뭉개고
미녀의 긴 다리처럼
쭉 뻗어
사르르 윤기 흐르는
아스팔트길을 미끄러져
내 마음의 씨앗이 싹트는 곳
고읍 칠원으로 달려간다.

1999. 5. 22. 37 동창회를 가면서

동창회

오늘이 어제가 되고 마는
아쉬운 시간 속에
농촌무산자의 서러움도
금의환향 고운 꿈도
모두 묻어버리고
생존경쟁의 숨 가쁜 삶터에서
잃어버린 것에 아쉬움과
얻은 것들에 푸근함과
희노애락이 빚어낸
텁텁한 뜨물로
삶의 잡탕을 끓여 입맛 다시고
도회 촌놈 칠원 촌놈
황혼 깃드는 인생 고갯마루에
모두모두 함께 모였네

도둑맞은 세월 저편에
지나가버린 한 시간이라 하기엔
너무 가까운 그날 그 얼굴
서로 떨어져 아쉬웠던
삶의 길이 만큼

이마에 주름살 내밀고
코흘리개 설레임 가득히
체면도 가식도
거치장스런 옷가지
훌훌 벗어던지고
벌거벗은 알몸 되어
서로 얼싸안고
향수의 살찐 젖줄 빨며
어설픈 어리광으로
60년 세월에 군불 잡히고
따스한 구들목을 기어든다네

199. 5. 22. 37 마산 동창회에서

나의 푸념

신께서 천지만물을 만드셨다.
그러고 마지막 사람을 만드셨다.
그것은 인간에게 모든 것을 주고
만물의 영장으로 삼으사
스스로 겸손하게 살라 하시었다.
하지만
인간은 스스로 자기를 만들고
신을 밀어내려 하고 있다.

나라는 것을 존재의 중심축에 놓고
너라는 존재를 착취한다.
내가 아닌 것을 인정하려 하지 않고
이 세상을 모두 가지려 하는
인간 무리의 궁극적 욕구가
일하는 빈곤자들을 들러리 세워
신을 몰아내려 하고 있다.

'나' 라는 인간이 살아남기 위해
너라는 또 다른 존재를 죽음으로 몰고
이익이 동반되면 동지가 되고

이익이 상반되면 적이 되고 마는
인간들의 게임을 즐기다가
당신의 성역을 잃어버리고
신은 이 땅을 떠나려 하고 있다.

인공위성이 하늘을 날으고
인간복제와 인간이 사람을 만들어내고
이제 신을 만들려 하고 있다.
당신의 성역에 과감히 도전하는
무엄한 인간들에게
그 설자리를 내어주고
신은 지구를 떠나려 하고 있다.

1999. 6월. 청소용역회사를 세우려다 실패한 후

나의 하나님

하나님, 하나님 나의 하나님
당신은 진실로 살아계신가요
잘되면 모든 것이 하나님 은혜
못되면 그것이 내 탓이라니
하나님은 정말로 너무 하십니다
당신은 이기주의자 머리십니다

이 세상 모든 것이 당신 것이라
어떤 자식 통 크다고 많은 것 주고
착한자식 순하다고 작은 것 주고
무능한자 필요 없다 팽개치시며
주었던 것 도로 뺏어 가시는
당신은 엿장수 독재자 십니다

하나님, 하나님 나의 하나님
당신은 정말로 하늘인가요
가난은 하늘도 못 구한다더니
얻어먹고 주워 먹고 사는 자식이라
역겨워서 이대로 두시나이까
당신의 무관심이 서럽습니다

1999. 7월. 문구점을 열지 못하고

벽을 넘어서

진웅 보증사건 그 이후
산 넘어 산 물 건너 물이라
언제나 평지 걸어가나 했는데
갑자기 벽이 가로 막는다.
하늘도 보이지 않고
땅도 보이지 아니한
신마저 잠시 외출하고 없는 자리
꽉 막힌 두터운 벽 앞에
아들(진웅)과 둘이 섰다.

가만히 눈을 감고
우리는 벽 넘어 평지를 본다.
내 팔에 날개를 달지 않아도
발아래 용수철을 달지 않아도
우리는 무등을 타고
사뿐히 벽을 넘어서
숨 한번 크게 몰아쉬고
햇볕 쏟아지는 벽 넘어 길을
나란히 발맞추어 가련다.

1999. 8월. 진웅 보증사건 그 이후, 교인들로부터 위로를 받고서

보름달

이제 막
태풍 울다가 지나간 하늘 끝자락
잔챙이 구름 걷어내고
지각한 한가위 보름달이
긴 여름날
늘 열려진 외톨이 창문으로
넉넉한 얼굴 살며시 내밀어
수줍은 웃음 웃는다.

스스로의 모순을 털어놓고
혼란과 불안 되씹고 있는
낙원의 이방인
지친 내 몸뚱아리를
어머님 약손 뻗어 어루만진다.
따스하게 스며드는 짜릿한 온기에
마디마디 녹아나는 육신 누이고
내 가진 모든 기력 몰아내고
스르르 감겨지는 실눈으로
함지박 달을 본다.

처음 본 것은 하나였는데
그 하나는 복제되어 둘이 되고
그 둘은 복사되어 달무리 이루어
강물 되어 흐른다.

그리운 고향 정다운 사람들
정든 타향 고마운 사람들
모두 함께 모여
정겨운 노래 부르고
평화의 돛 높이 올려
미지의 세계로 흐르는
은빛 물결 따라
내 생명 깊은 골에 숨어있던
맑은 영혼이
작은 달이 되어 두둥실 떠간다.

1999. 9. 24. 보름달(한가위 날)
추석날 아침 된소리 내고서, 텅 빈 건물 옥상 방에 누워

설교는 나의 눈물입니다.

60여년을 목자들의 설교를 듣고 살았습니다.
그러나 아직도 나는
하나님! 당신을 잘 알지 못합니다.
당신의 말씀은 너무 높고 깊어
감히 헤아릴 수 없습니다.
나의 설교는 살아나지 못합니다.
하나님 말씀은 멈추어 서고
한갓 내 말이 될 수밖에 없습니다.
아무리 애를 써도
겉핥기만 하는
멋쩍은 어설픔입니다.

내 마음 창고에는
하늘 양식이 없습니다.
내세울 것 하나 없는
잡다한 세상 것들이 조금 있을 뿐입니다.
성현들의 말을 잠깐 빌려
내 삶(지난)의 뒤안길에 접목을 합니다.
그러나 그것은
어색하고 서툴 수밖에 없습니다.

결국 난 말더듬이가 되고 맙니다.
설교라는 고운 보자기로 싸맨
숨 가쁜 내 삶의 변명이었습니다.
그것은 결국
허공을 맴도는 사람의 잔소리입니다.

건더기 하나 없는
국물뿐인 내 인생
삶에 대한 참회의 눈물일지라도
이것은 감칠맛 묻어나는 진국입니다.
비록 모두가 실패의 얼룩일지라도
그 자욱마다
개천에서 용 나기를 바라는
내일 향한 간절한 소망이
용트림으로 꿈틀대고 있습니다.
이것이 내 슬픈 진실입니다.
이것의 나의 진실한 눈물입니다.
그러기에
오늘도 나는
알몸으로 무대에 선 부끄럼 안고
도외시 당한 내 작은 진실을
울음 섞여 토해냅니다.

1999. 10. 1. 호연 첫 돌맞이 설교에서 설교를 마치고

나는 멍텅구리

나는 어쩔 수 없는 멍청이
이것이 아닌데도
그럴 수밖에 없는 나
내가 누구인지 내가 무엇인지
잠시 생각했다가
한 순간에 잊어버리고 마는
자신도 몰라보는
나는 멍청한 '건망증' 환자

금지옥엽 외톨이 아들로 태어나
정녕 아들이 못되었고
무지개 등을 타고 하늘 오르던
결혼의 꽃마차 땅에 내려 앉아
아버지란 이름은 더욱 힘이 부쳐
그만 주저앉은
이것도 아닌 저것도 아닌
나는 키 작은 앉은뱅이

가장이란 헛개비 너털옷 벗어던지고
며느리 사랑 시아버지
따스한 눈길 주고 받으며

자신보다 더한 손주사랑
할아버지 흰 수염 곱게 길러
어린 내 생명을
병아리 손길에 정 쏟으며
영원으로 가려는
내 작은 소박한 꿈마저
훌훌 날려 보내고 마는
창피함도 모르는
나는 어리석은 파렴치

한 순간을 참지 못한 후회로
몸뚱아리 떨고
마음은 갈색먼지 짙게 베어들고
삶은 덩굴나무 넝쿨 되어
어지럽게 꼬여만 가는 나
차라리
존재하지 않았으면 좋았을 인간
나는 나 자신이 싫어
거대한 땅 덩어리
뜨거운 그림자 속으로
작은 나를 지우고 마는
나는
한심한 멍텅구리

1999, 10. 24. 삶의 언쟁 끝에서, (정릉)집을 나올 것을 선언하면서

술꾼의 아침

벌렁!
들어 누운 채
손가락을 살며시 움직여 본다.
발가락도 움직여 본다.
모두가 내 몸뚱아리에 그대로 붙어있다.
그리고 살아서 꿈틀거리고 있다.
머리를 살며시 들어본다.
머리가 깨어질 듯 아프다.
때 묻어 있는 손가락으로 눌러본다.
그리고 좌우로 흔들어 본다.
두개골속에서
죽음과 절망이 덜그럭 거리고 있다.
창밖엔 눈부신 햇살이 내려앉고
알몸 일으켜
창가에 서서
해장국 한 그릇에 뜨거운 희망타서
훌훌
들이키고 싶다.

1999. 10. 25. 언쟁의 뒷줄, 어제저녁 마신 술이 깨면서

가을연못

긴 여름날
푸르른 싱그러운 삶이 무르익어
빠알간 알맹이들을 내어민다.
들에는 오곡백과 영글어
가을 햇볕을 흐드리게 마시고
풍년을 풍긴다.
산들을 그 가슴 다독거려
붉은 불씨를 지피고
불꽃놀이를 한다.
양지바른 언덕 빼기엔
붉은 고추잠자리
여름 햇볕에 바랜 투명해진 날개 펴
한가로이 햇빛 그네를 탄다.

붉은 비단옷으로 곱게 봄단장을 한
그윽한 골짜기가
맑은 골수를 빼어내어
만들어진 작은 연못에
수정하늘이 살며시 내려앉아
땅과 합방을 하여 만든 용궁에

산자와 죽은 자들을 불러 모은다.

소슬바람타고 낙엽하나 떨어져
작은 물보라 일으켜 둥글게 뻗어
눈 큰 송사리 떼 놀라
물풀사이로 숨어들고
장군 잠자리 나즉히 날아
놀란 하루살이 사냥을 한다.
한 점 하늘 조각 올려본 겨를 없는
일상의 숨 가쁜 시간을
잠시 잊고 나온 남아있는 사람들
죽어서도 끊이지 않는 조상님들의 사랑에
가슴 크게 부풀려 웃는
왕의 웃음소리에
언덕 위 콩밭에 콩서리 하던 산 꿩이
푸드득 먼지 털고
새하얀 뭉게구름 넘어로
길게 나른다.

1999. 10. 30. 광주 묘원 연못가에서, 어머님 산소를 다녀오면서

그리움의 묵상

방이라 하기엔 그저 그렇고
사무실이라 하기엔 너무 어색하고
그렇다고 창고라 몰아붙이기엔 조금 억울하기만 한
어정쩡한 옥탑 작은 구석방
그러나 나에게는
내 깊은 삶의 공간, 내 생활의 다용도실
내 체취가 흠뻑 베어 있어
언제나 마음 포근한
유일한 나의 안식처
외톨이 몸뚱아리 벌렁 눕히고
오형색색 잔쟁이 벽지로
제멋대로 도배된 빛바랜 벽에
어울리지 않게 걸려있는
커다란 한 폭의 수채화 속으로
스르르 눈을 감고 거닐어 봅니다.

그리움의 나래 펴서
두둥실 어깨짓 하며
강물따라 가다가 등이 굽은, 긴 강 뚝을 거닐다가
하얀 모래밭에 내려앉은 달빛유혹에

두 손 마주잡고 하나 되어
뛰다, 뒹굴며 뿌려놓은
하늘별처럼 수많은 우리의 고운 꿈
기쁨과 슬픔으로 널뛰기하던
일상의 껍질을 깨고
살며시 내미는
그리움의 속살을 더듬어 봅니다.

이제 노을비치는 황혼 짙은 강가에서
34년의 지나간 시간 속에 파묻혀
녹슬고 무디어진 사랑의 날을 세워
어둡고 빛바랜 마음자락 잘라 내고
깊어만 가는 겨울 하늘 아래
흘러만 가는 강물의 진원지를 향한
숨 차오르는 그리움으로
당신의 따스한 체온을 느끼며
살며시 다가갑니다.

1999. 12. 16. 결혼 34주년 맞아 자꾸만 멀어져가는 것만 같은 당신을 그리면서

새 천년

그 아무도 뒤쫓지 않은데
그 누구도 끌어당기지도 않은데
한 순간도 쉬지 않고
무심하게 흘러만 가는 세월
해가 바뀌고 세기가 바뀌고
천년이 고개를 넘는다.

천년을 이어온 묵은 사람들이
힘써 일하지 못하고
미루었던 일, 못다한 일들
석양이 드리운 붉은 장막에 장사지내고
가족과 이웃간
애써 사랑치 못한
무능과 무관심에 무정함을
구차한 변명과 헛소리로
슬픈곡을 하며 아쉬워 한다.

가파른 오르막길
현기증 나는 내리막길
향기로운 꽃길에 상처입은 가시밭길

잘난사람 잘난대로
못난사람 못난대로
환희와 좌절속에 꿋꿋이 이어온
천년의 굴곡따라
걸어온 내 인생 여슨두구비
희끗 희끗 서릿발 내린
흰 머리카락 가리며
허무와 불안 들추어 내고
절망과 분노 뽑아내고
적극적인 자기 쇄신으로
내 잘못 인정하고 깨달아서
너를 이해하고 용서하는
사랑하는 마음, 평화로운 마음으로
희망과 환희의 용트림으로
새롭게 떠오르는 찬란한 태양에
새천년 새감각의 주파수를 맞추어
슬픔을 밀어내는 확신과 믿음으로
내 생명의 더운 불길을 지핀다.

2000. 1. 1. 새 천년을 맞이하면서

무능자의 변

산다는 것이
죽는다는 것이
무엇인지 모르고 살았습니다.
그것은 모두가 개똥철학이었습니다.
행복이란 것이
불행이라는 것이
어떤것인지 모르고 살았습니다.
모두가 나에게는 사치였습니다.

앞길을 바라볼 여유가 없었습니다.
지나온길 뒤돌아볼 겨를도 없었습니다.
일상의 생활에서
가위눌려 숨이막혀
발버둥치다 부딪히고
부딪히다 굴렀습니다.
내 몸은 언제나 만신창이되어
상처에서 늘 피가 흘렀습니다.
어쩌다 검붉은피 멈출때면
그 자리엔 '무능'이란 딱지가 앉고
딱지 속 상처는 곪았습니다.
그것은 뼈를 깎는 아픔이었습니다.

언제나 사는 일이 힘들었습니다.
날마다 사는 일이 고통이었습니다.
살아간다는 것이 고통이라면
차라리 서럽지는 않겠습니다.
내 가슴 서러운 아픔속에
핵처럼 도사리고 있는
가난은 정말로 공포였습니다.
그것은 진실로 싫었습니다.
가난뱅이가 내 팔자라면
나는 담담하게 살겠습니다.
가난밖에 없는 것이 내 운명이라면
나는 체념하고 조용히 살겠습니다.

모질게 달라 붙는 가난 벗으려
힘써서 땀흘려 일했습니다.
'일하는 빈곤자'가 내이름이라니
이것은 참말로 억울합니다.
진정! 이것이 내 '무능'이라면
이제 나는 어찌할 수가 없습니다.
지금 나는 살 수도, 죽을 수도 없습니다.
죽음이라는 것이 선택이라면
나는 결코 망설이지 않겠습니다.

2000. 1. 16. 가족회의를 마치고, 그 사람의 눈물 속 내 모습에서

바위골짜기

억겁을 뻗어온 산뿌리가
인고로 만들어진 바위골짜기
가는 하늘 아래
매의 그림자 내리지 않는
바위품속 깊은 곳에
노란부리의 작은새로 태어나
좁아서 더욱 자유롭고
깊어서 더욱 포근한
긴 바위골짜기에
이름없는 한 마리 새로 살고싶어라

비바람에 깎기운 바위 절벽에
외로워서 더욱 푸르른
한그루 등굽은 소나무 위로
잠깐 스쳐지나버린 햇살
그 따스한 사랑 아쉬워
길게 목을 빼고
저 낮은 곳에서
계곡 타고 불어오는
등푸른 바람결에 날개짓하며

꿈 꾸는 한 마리 새로 살고 싶어라

숨막히는 삶의 밑바닥에서
토해버리고 싶었던 역겨움
떨쳐버리고 싶었던 불안
모두 모두 밀어내고
무능에 찢기운 내 아픈가슴
멍든 꿈조각 꿰매어
길게 흐르는 하늘 줄기에 달고
아무도 찾아주는 이 없는 외로움 있어도
바람 같은 자유로움으로
영원으로 통하는
바위 하늘 골짜기에
천년 후에 피어날 들꽃 새기며
한 마리 '알바트로스' 처럼
멀리 나는 새가 되어 살고 싶어라

2000. 1. 19. 장암 골짜기(장암골)에서

우리(부자용비어천가)

무능함에 짓눌려 가슴 멍 들고
가난함에 찌들어 땟국물 졸졸
우리들 서러운 속 마음
애써 외면치 말고
숨차오르는 아픈 분노로
가슴 조여 쥐어 뜯으며
이 세상 울고픈 사람 다 불러모아
하늘이 무너져 내려 앉고
땅이 꺼져 바다가 되도록
목 놓아 울어나 보자꾸나

울다 울다 지치면
우리 모두 하나 되어
스스로의 모순을 씻어 버리고
적극적인 자기 쇄신으로
새롭게 마음 헹구어
우리들 가슴 가슴마다에
농축되어 있는
녹슬은 삶의 두께에서
고통과 모욕을 견딜 수 있는

끈기와 인내는 배우자꾸나

우리 이제
스스로의 마음 깊은 자리에
북이 참는 침묵을 깨닫고
슬픔도 힘이 되는
용기있는 배짱으로
빼앗기지 않은 기쁨의 싹을 틔어
개천에서 용이되어
새 즈믄 신기루를 타고
웅비의 나래펴서
힘차게 힘차게 하늘 오르자꾸나

2000. 1. 36.(양 2. 5. 음 1.1 설날)
진호 카드 사건을 접하고, 가족회의를 마치고

도깨비 방망이 – '용호상박'

떨어질 듯하면서도
언제나 함께 엉켜있는 구름처럼
팔자가 엉키고
운명이 설키어
바람 부는대로 떠돌다가
저마다 버리지 못하는
색깔 진한 고집 담아
절반씩 틀어쥐고
먹구름 깔아 하늘 덮고
모난 자존심 육모방망이로
하늘을 두들려 하늘 울리고
'용호상박' 자학과 분노로
천둥 번개로 하늘 가르며
태풍 스쳐 지나간
광란의 뒤안길에
'적자인생' 서러운 방석 깔아
웅뎅이 치켜들고 서서
두 눈 두 주먹 감고 쥐고
어금니 지긋이 깨물어본다.

없어서 가난한 서글픔보다
있어도 그 존재를 알지 못하고
그 소중함을 깨닫지 못하고
일하는 빈곤층의 허무감에
삶의 진실을 바로 깨닫지 못한
참회의 눈물 흘리며
사랑이 머물다 숨어버린 자리
믿음이 사리어 얼어붙은 자리에
세찬 비바람에
먼지 씻어낸 마알간 하늘
가득 찬 따스한 햇살 받아
새 기운 돋우어
사랑과 미음의 새싹을 틔우고
내일 향한 설레임으로
도깨비 방망이 휘둘러본다.

경진년 2월 7일

시의 노래 —시를 쓰는 마음

왕년에 시 한 구절
읽지 않은 자 그 뉘 있으련만
어쩌다 시 한구 절 읽으면
차가운 얼음장 밑으로
고요히 흐르는 물줄기처럼
가슴 밑바닥 깊은 곳에 흐르는
진실 된 삶의 이야기들을
귀담아 들을 수 있어
나는 시를 읽는가보다.

왕년에 시 한구 절
외워보지 않은 자 그 뉘 있으련만
어렵게 시 한 수 외우면
대자연의 오묘한 섭리 속에
마음자락 푸근히 내려 깔아
세상 근심 모두 다 벗어 던지고
마르고 여윈 내 가슴
넉넉한 부자가 되어
나는 시를 외우는가보다.

왕년에 시 한 구절
써보지 않은 자 그 뉘 있으련만
힘들여 시 한구 절 쓰다 보면
사람이 자연과 함께하는
평화로운 넓은 공간에서
뿌듯한 더운 가슴 내밀고
벌렁거리는 콧구멍으로
보름달 보며 마음껏 웃을 수 있어
나는 시를 쓰는가보다.

2000. 2. 19.(음 정월 대보름)

우리는 하늘부자

새 즈문 고운 밝음에
하늘 제일 높은 하늘나라에서
영롱한 별 하나
사랑심은 마음 밭에
살며시 내려왔구나
풋풋한 사랑의 열매가
껍질 깨고 살며시 얼굴 내미는
가을하늘아래 석류알처럼
별빛 머금고 알알이 영글어
탐스럽게 내려왔구나

꼭 깨물어주고 싶은 짜릿함에
꿀꺽 침 한번 크게 삼키고
힘주어 꼭 부둥켜안고
보송보송한 얼굴에 볼을 맞대고
엷디엷은 실핏줄을 통한
작은 심장의 고동소리를 전해 듣는
우리들 가슴 가슴 마다엔
세상 모든 시름 다 살아지고
영원을 향한 하늘 평화가

물결 되어 세차게 흐르는구나

총명이 빛나는 초롱초롱한
눈망울 속에 흠뻑 빨려들어
우리들 영혼의 심리에
꺼지지 않는 촛불을 켜들고
별빛 흐르는 하늘성에서
내일 향한 꿈을 활짝 펼치며
가슴 벅차오르는 행복을 깔고
흥겨워 사랑타작을 하는
우리는 언제나 넉넉한
하늘부자가 되는 구나

2000. 4. 20. 예성이 백일을 맞아 외할아버지가

독백(사랑의 진실)

우린 언제나 함께 살았습니다.
그러면서 늘 떨어져 살았습니다.
우린 항상 가까이 있으면서도
자꾸만 멀어져감을 느끼며
두려워하며 살았습니다.
그러다가 얼굴 마주치면
왠지 서먹하고 어색하며
등 돌려 섭섭해 하며
짜증과 불안에 떨었습니다.
하지만 우린 서로를 알았습니다.
절박한 삶의 이야기로
가슴 치밀어 오르는 울분 있어도
겉으로 표현하지 않았습니다.
서로의 속마음을 외면하고
덤덤하게 침묵하며 살았습니다.
이것이
우리들의 살아온 방법이었습니다.

언제나 흰 눈이 쏟아질 것만 같은
잿빛 하늘처럼

우울한 마음 문 꼭 닫아걸고
싸늘한 찬바람 일어
서려오는 서릿발에 고독이 얼어붙고
고독 저 안에 외로움의 씨앗이 있었습니다.
하지만 우리는
독버섯처럼 돋아나는 작은 외로움에
조금씩 조금씩 익숙해져
언제나 두 길로 뻗어있는 기찻길처럼
서로 일정한 간격을 유지하면서
늘 같은 한 방향으로
진실이 있는 사랑 역을 향해
같은 길 두 갈래 길을
숨 가쁘게 힘들여 달려왔습니다.
이것이
우리들 35년 지난 세월이었습니다.

삶의 끝자락 서편 하늘에
걸려있는 석양빛에
길게 드리워진 삶의 그림자 속으로
묻혀만 가는 우리들 남은 시간 앞에
온 몸이 저려오고
아랫도리에 힘이 빠짐을 느낍니다.
하루하루 부실해져만 가는

몸뚱아리 스스로 주무리면서
마음 아파오는 죄스러움으로
참회의 눈물 고요 속에 되삼키고
남루한 피곤을 잠재우고
그리움의 방황 거두어들입니다.
이제 서로를 측은해 하며 위로하며
서로에게 리모컨이 되어
생명 다하도록 사랑하며 살겠습니다.
이것이
우리들의 사랑법이랍니다.

이제
우린 서로 떨어져 있으면서도
섭섭할 까닭이 없습니다.
외로운 아무런 이유가 없습니다.
우린 늘 함께 살아갈 것입니다.
모진 세파에 찌들은 우리들 영혼을
깨끗이 샤워를 하고
흰 속옷 단정히 갈아입고서
서로의 찐한 체취를 맡으며
사랑에 질식하고픈 간절함으로
서로를 그리며 느끼며
둘이면서 하나이기보다는

하나이면서 둘이 되어
서로의 영혼을 곱게 엮어서
섭섭해 하며 미워하며
고마워하며 감사하는 마음으로
우리들만의 독특한 향기에 취해
서로 아끼며 사랑하며 살아갈 것입니다.
이것이
우리들의 사랑의 진실이랍니다.

2000. 4. 29. 그 사람의 회갑의 날에

영원한 고향

시작도 없고 끝도 없이
한 없이 흘러만 가는 세월 속에
유명의 모든 시름
못다 푼 한 접어두고
죽음까지 아우르는
끝내 지워버릴 수 없는
사무친 그리움 하나
자식 사랑 소박한 꿈
산봉우리에 깃발 꽂아 걸었습니다.

생명의 더운 물결로
겨울 내 얼어붙은
차가운 대지를 녹이고
약동하는 작은 생명을 가득히
싱그러운 5월의 신록
비단결 곱게 펼쳐 두르고
산발한 그리움 애잔하게
철쭉 꽃 붉게 수를 놓아
마음 들떠 자식 맞는다

등으로 해를 업고와
가슴으로 돌려 안고
삶과 죽음의 진실 속에
깊이 숨겨놓은 그리움 꼬집어
정겨운 이야기 꽃 피워
삶에 대한 진한 애정 되돌려서
산자들 안부 물어보며
장미꽃 손부들의 얼굴 익히며
봄 새순처럼 돋아난
귀여운 새 생명을 가슴에 안고 어른다.

희망과 꿈이 넘실대는
삶의 시작으로 되돌아가는
자손들 가슴가슴 가득히
희노애락 4박자 인생살이
삶의 이치 일러주고
접어둔 당신의 꿈 다시 영글어
사랑이 열매 맺는 거목이 되어
모진 바람에도 버팀목 되는
당신은 언제나 살아있는
우리들의 영원한 고향이랍니다.

2000. 5. 5. 어머님 6주기를 맞아 어머님 산소에서

토끼 잠 —지루한 하루

산다는 것이 무엇인가
아직도 그 의미를 알 수가 없습니다.
창문에 여명 미치면
나무뚱구리 같이 뻐근해진 몸뚱이
댕굴 때굴
구둘막 체조로 풀고 일어나
마포자락 흔들어 댄스를 합니다.

김빠진 아침 밥술에
외로움 말아먹고
삶에 지친 영혼들과 아귀 다툼에
일그러진 얼굴로 하루는 엽니다.

어제와 같은 오늘
한결 같은 16년
지루한 일상을 뛰어넘지 못하고
못된 고집은 굳어져만 가고
마음은 메말라 거칠어져
불안과 초조를 부르고
분노와 짜증을 초대합니다.

무엇하나 되는 일이 없습니다.
아무것도 할 수가 없습니다.
모든게 꼬여져만 갑니다.

시간은 삶의 긴 여운을 남기고
또 하나의 밤으로 갑니다.
적막이 그리운 도회의 밤은
요란 속에 깊어만 가는데
여기 나 하나
오늘과 같은 내일을 맞으려
고독을 안고
토끼잠을 청합니다.

2000. 6. 1. 사장으로부터 퇴직 권고를 받고서

사는게 이게 아닌데

이게 아닌데 이게 아닌데
사는게 이게 아닌데
봄이 오면 꽃 피고 새가 우는데
꽃은 피었어도 새들이 없네

이게 아닌데 이게 아닌데
정말 사는게 이게 아닌데
때가 되면 꽃 피고 열매 맺는데
꽃은 피었어도 열매가 없네

이게 아닌데 이게 아닌데
우리 사는게 이게 아닌데
날이 차면 맺은 열매 익어 가는데
푸르히 그대로 향기가 없네

이게 아닌데 이게 아닌데
우리 가는 길이 이게 아닌데
힘써서 오르고 오르다 보면
언젠가 산봉우리 내려 볼 것을
아직도 그 봉우리 올려다 보네

이게 아닌데 이게 아닌데
세상에 산다는게 이게 아닌데
애써서 사랑을 하다 보면
흥겨운 사랑노래 부를 것인데
가슴속 저린 애조(哀調)를 읊고만 있네

2000. 6. 10. 삶의 허무함, 퇴직권고를 받고서

낙조

나는 개미처럼 절실했다.
절망을 먹고 허기진 배를 불리며
힘써 일하며 살아왔는데
모두가 힘이 들고
모든 것이 어려웠다.
밀가루에 버무려진 세상
아픔은 거짓말같이 부풀어 오르고
꿈은 무지개처럼 사라져 가는데
뿌린 대로 거둔다는
삶의 진리가
거짓으로 다가와
허공 속에 맴돌고 있구나

나는 별처럼 간절했다.
고독을 빨고 외로움 달래며
애써 사랑하며 살아왔는데
사랑은 언제나 몸살을 앓고
한이 되어 가슴에 쌓이고
이해와 용서보다는
독선과 아집으로

바램은 울분 되어 구름처럼 피어만 가는데
사랑은 받는 것이 아니라
그저 주는 것이라는
사랑의 진실이
허울로 다가와
참회의 눈물에 얼룩이 진다.

인정하기 싫은 얼룩진 나의 삶
묻어버리기엔 너무 억울하고
지워버리기엔 너무 힘이 부친다.
울지 않고 베길 수가 없구나
고여 있던 눈물 다 쏟아내고
쌓인 고독 몽땅 털어버리고
엉엉! 크게 소리 질러
울고만 싶구나
울다 지쳐 목이 메이면
마지막 남은 정열로
일상에 쓸려간 내 영혼
그 진실의 나래를 펴서
저녁노을 속으로 숨어버리는
한 마리 '낙조' 가 되고 싶어라

2000. 6. 30. 서편 불타는 노을을 보면서, 퇴직권고를 받고서

나는 바보로 살았습니다

나에게 귀중한 사람들이 있습니다.
그러나 나는
그들을 사랑하지 못했습니다.
내 몸뚱아리는 흔들어대는
가는 바람결에도
향기 흠뻑 풍겨주는 허브처럼
막무가내로 사랑할 수가 없었습니다.
그것을 어리석음으로만 여겨온
나는 못난 바보였습니다.

나에게 소중한 사람들이 있었습니다.
하지만 나는
그들을 사랑할 수가 없었습니다.
가슴 술렁이는 사랑의 감동도
뼈를 깎아내는 시린 미움도
나에게는 모두가 사치였습니다.
그저 먹고 잠자고
묵묵히 사는 것에 길들어져
맹물 마시고 입맛 다시며 살아온
나는 싱거운 바보였습니다.

내 곁에는 소중한 사람들이 울고 있습니다.
나는 그들을
달랠 수가 없었습니다.
서러워 쏟아내는 찐한 눈물이
애간장을 녹이는 아픔 있어서도
눈물 닦아줄
마음의 손수건이 없었습니다.
언제나 빈손 들고 살아온
나는 무능한 바보였습니다.

바보는 그래서 울고 있습니다.
못다 한 내 마음에
서러운 티끌 하나까지도
다 씻어내어 버리고
홀가분한 기분으로
없으면 없는 대로
불편하면 불편한대로
가진 것이 없이 자유로운 공간에
멀어져 더 고와지는
작은 별이 되어 살고픈
나는 진짜 바보입니다.

2000. 7. 15.

옥상의 자유

작열하는 7월의 태양
그 뜨거운 정열에
달구어진 옥상 콘크리트 바닥이
희뿌연 가슴 풀어 헤치고
끈적거리는 온기를 내뿜는다.

숨 가쁜 열대야 심술에
거치장스런 옷가지
훌렁 벗어 던지고
작은 다라이에 물을 채우고
더위에 일그러진 내 몸뚱이를 담군다.
큰 바가지 물세례로
푸른 계곡을 벗어나고
출렁이는 넓은 바다를 지운다.

송골송고 맺힌 물방을
젖은 손등으로 털어내고
댕그랑
야전침대 하나 내어 놓고
알몸으로 벌렁 드러누워

채 마르지도 않은 사지(四枝)를 벌려
음습한 내 신체의 부위를
산들바람에 말린다.
비를 감춘 구름 사이로
내 알몸을 더듬는 달빛에
드러나는 주름진 내 뱃살에서
지난날의 내 순수를 보며
어머니의 따뜻한 손길을 느낀다.

속살을 드러내는 하늘에
밝아오는 달빛에, 스스로의 빛을 거두어들이는
작은 별들을 향해
나만의 이 작은 자유를 띄워 보낸다.

2000. 7. 31. 여름밤에 옥상에서

나의 기도

나는 기도 합니다.
자꾸만 엇갈려만 가는 발길
서로 멈추고
지금 뒤돌아서서
손에 손을 마주 잡고
함께 걸어갈 수 있기를
다소곳 머리 숙여 기도 합니다.

나는 기도 합니다.
자꾸만 멀어져만 가는 마음
녹 슬은 빗장을 풀고
서로의 마음에 마음을 적셔
하나가 될 수 있기를
간절한 마음으로 기도 합니다.

나는 기도 합니다.
자꾸만 더해만 가는 서릿발
얼어붙은 냉가슴
차가운 외로움 내려놓고
따스한 열정으로

서로를 녹일 수 있기를
가슴 움켜 안고 기도합니다.

나는 기도합니다.
설부른 사랑도
미움의 응어리도
지난 세월 속에 묻어버리고
새로운 마음으로
뜨거운 숨소리를 느끼며
꼭 껴안고 춤출 수 있기를
두 팔 치켜들고 기도 합니다.

나는 기도 합니다.
푸른 언덕 위 하얀 집에서
장미 넝쿨 울타리 두르고
작은 뜰에 함박꽃 웃음 피우며
사랑의 향기에 취해
나란히 잠들 수 있기를
두 눈 지그시 감고 기도 합니다.

2000. 8. 8. 산상기도회에 참석한 그 사람을 생각하며

다리를 놓자

다리를 놓자 다리를 놓자
듬썩 듬썩 다리를 놓자
사다는 일이 너무 힘들어
개울 건너 저만치 떨어져 있네
이젠 우리 서로 마주보고서
바램도 실망도 다 흘러 보내고
소매 자락 길게 걷어붙이고
평퍼짐한 돌을 골라 줄지어 놓아
너와 내가 건너는 다리를 놓자

다리를 놓자 다리를 놓자
한 단 두 단 이어가는 다리를 놓자
사랑한다는 일에 익숙지 못해
말없이 등 돌려 멀어져 있네
이젠 그만 서로 되돌아서서
오해와 불신 다 쏟아버리고
바지자락 둥둥 걷어 올리고
한발 두발 뛰어 넘어서
나와 너가 하나 되는 다리를 놓자
다리를 놓자 다리를 놓자

마음속 개울에 다리를 놓자
대립과 갈등의 구차함으로
아집과 고집으로 돌아서 있네
긴 세월 38장벽 뛰어 넘어서
50년 그리움 울음 웃는데
맺힌 설움 쌓인 원망 무너뜨리고
이해와 용서하는 마음 문 열어
우리가 한 몸 되는 다리를 놓자

2000. 8. 15. 이산가족 만남을 보며

유배

아무도 발길 들어놓지 않는
신이 숨겨놓은 깊은 골짜기
길게 흐르는 푸른 계곡
신선이 머물던 자리
끝나지 않은 내 일상을 유배시키고
센 머리 길게 풀어헤치고
말없이 살고 싶어라

좁디좁은 가는 하늘에
해 오르면
끊어질 듯 이어온 내 생명줄에
검푸르게 달라붙어 있는
삶의 곰팡이
나뭇가지에 걸쳐놓고
양지바른 산등성이에 올라
산새들 이웃삼아
눈 맞추며 살아가리라

산 그림자 두텁게 내려앉으면
너털거리는 내 삶의 허울

풀벌레 소리에 벗어 던지고
싱그러운 산바람 맞아
속살 같은 그리움 안고
순수한 알몸 되어 살아가리라

계절 따라 봄이 오는 날이면
약동하는 생명들
진한 생수를 빨고
맑아진 내 영혼
진달래 꽃잎 물고
붉게 피어나리라

봄 지나 여름 오면
짙어가는 신록 속에
내 영혼 푸르게 살찌워
가슴 뿌듯이 내밀고
당당하게 힘주어 살아가리라

여름가고 가을이면
영글어가는 생명들
이글거리는 단풍에
여문 내 영혼 묻어
마지막 내 정열 다 쏟아

붉게 태우며 살아가리라

가을 저물어 겨울 닥치면
헐벗은 나뭇가지 끝
피어나는 눈꽃송이에
내 영혼 시리게 매달고
고요히 잠재워
이 생명 다하는 날
관망 좋은 산등성이
봉 없는 무덤에
흔적 없이 묻히어
천년의 푸르름으로
계곡을 굽어보는
한 그루
등 굽은 소나무 되어
영원을 살아가리라

2000. 9. 9.
관리비 임대로 인계 제안을 받고서, 추석 전날 갈산에서

가난

싫어 싫다고
아무리 뿌리쳐도
지겨웁도록 나를 따라다니다
이젠
내 여윈 가슴 한복판에
척 하니 주인으로 들어앉아
큰소리치며 나를 부린다.

너라는 놈은 도대체 뭐냐고
큰 소리로 다그치면
놈은 나를 보고
네 놈은 뭐하는 놈이냐고
살며시 되몰아친다.

어쩔 수 없어
이젠 그만 우리 헤어져 살자고
손목을 부여잡고 매달리면
놈은 내 여윈 손을 놓지 않고
고운 정 미운 정 다 들었으니
같이 살겠다고 협박을 하네

정녕
너와 내가
같이 살아야 할 운명이라면
내 아픔을 참고 견디며
네 시린 몸뚱이를
다소곳 얼싸안고
너와 더불어
독한 마음 가지런히
함께 살아가리라

2000. 8. 17. 우산향병원에 그 사람을 입원시켜놓고

어머니

어머니!
당신의 둘째손자 '근'이가
아들을 낳았습니다.
당신의 다섯째 증손입니다.
그 이름을 주연이라 부른답니다.
쌔근거리는 작은 가슴에
커다란 우주를 담았습니다.
해와 달이 숨바꼭질을 하고
별들이 빛의 축제를 엽니다.

어머니!
당신의 첫 증손녀 우리 '소현'이
깨물어 주고 싶도록
깜찍하고 야무진 모습으로
노래하고 유희를 하면
'호연'이란 놈은 덩달아
뛰고 굴리고 괴성을 지르며
선 재주를 넘어댑니다.
여기에 질세라
경아의 두 아들놈

'예찬'이와 '예성'이가
둥근 보름달을 띄우고
서투른 웃음의 절구질을 합니다.
우리 모두는 웃음꽃 피워 물고
사랑을 노래합니다.

어머니!
언제나 철부지였던
당신의 외아들이
당신의 소중한 외며느리가
구름 머물다 지나간
새파란 하늘 끝자리에
나란히 앉아
분신들의 다람쥐 재롱에
마주잡은 손끝에 힘을 줍니다.

어머니!
이승과 저승을 뛰어넘어
하늘 꼭대기에서
못 다한 이승의 이 아름다움을
흐뭇하게 지켜보시는
당신의 눈길이
당신의 숨결이

우리들의 영원한 고향되어
따스하게 가슴 적셔옵니다.

어머니!
하늘아래 많은 생명들이
피어오르는 산들바람에
기지개를 길게 펴고
햇살 가득한
하늘 우러러
사랑을 속삭입니다.

어머니!
여기 우리 모두 함께 일어나
고향 하늘 정다운 내음
가슴 깊이 들이마시며
우리들의 희망을 띄워 보냅니다.

2000. 9. 12. (음 8. 15) 경진 년 추석 전에, 추석 성묘길에서

종착역

이렇게 초조하게
가야할 이유도 모르면서
내 수고로운 길을
날아갈 듯 달려가고만 있는지
장미꽃 향기도 날아가 버리고
보랏빛 사랑도 사라지고
기다리는 바램도 마실가고
아무 설레임도 없는 곳
산 넘고 물 건너 터널을 지나
이제 산모퉁이 돌면
저기 종착역이 보이는데
서두를 것 없지 않은가

여순에 늘 보아온 풍경
한결같은 나날들
되돌아 갈 길도
질러 갈 길도 없는 외길인데
아무런 설레임 없이
숨 막히게 뛰지 말고
시름시름 걸어서 가자 꾸나
걷다가 발이라도 부르틀 때면

풀 섶에 주저앉아
꼼지락거리는 풀뿌리
작은 생명의 소리 들으며
한숨 돌리고 가자 꾸나

걷다가 세찬바람 일면
푸른 산으로 병풍 두르고
희끗희끗한 내 머리카락
파아란 하늘에 적셔
풀벌레소리 자장가로
한숨자고 가자 꾸나

걷다가 싫증이라도 나면
뒤라도 한번 돌아보고
미쳐 마음 챙기지 못한
마음 떠나있던 사람들 불러
주막이라도 찾아들어
대포잔이라도 돌리며
흥겨운 노래 가락 길게 뽑아
못 다한 정 나누면서
황혼 깃든 저녁 길을
쉬엄쉬엄
쉬어가며 가자 꾸나

2000. 10. 2. 친구들을 만나서, 길음 지규씨의 금혼식을 다녀와서

주연이 오던 날

하늘이 감추고
땅이 애써 숨겨놓은
귀한 생명 하나
사랑의 실뿌리 길게 뻗어
땅속 진한 정기 빨고
은하의 강이 되어 흐르는
하늘 기운 내려 받아
땅 심을 힘차게 차고 올라
우리들
기다리는 마음 밭에
가장 소중한
영원한 생명으로 돋아났구나

생명이 싱그러운 너는
숱한 사랑의 이야기를
곱게 간직하고
진작에 몰랐던 사랑으로
우리들
마음 구석구석을 적셔
짜릿한 설레임으로

위대한 진은의 나라
대업을 창성히 이어갈
첫 사랑 열매되어 왔구나

사랑의 열매인 너는
은은한 향기와
그윽한 빛깔로
우리들
인생을 곱게 물들이고
달빛 머금고 익은 포도송이처럼
송이송이 영글어
사랑이 익은 탐스러움으로
온 누리에 가득 찰
찬란한 빛이 되어 왔구나

황홀하게 터져 오르는 불꽃처럼
하늘 오르는 너는
작은 꿈 일어나고픈, 간절함으로
우리들
영혼의 심지에 작을 불을 붙혀
아직도 잘 알 수 없는
눈물과 웃음
그 진실을 밝혀

새로운 날
어둠을 몰아낼
믿어운 확신되어 왔구나

확신(確信)으로 여물어가는
알찬 너는
유독히 긴 손가락으로
세상을 꽉 움켜쥐고
우리들
영혼의 실타래
길게 풀어
사랑으로 엮어 짠
비단 보자기로
내일의 기쁨을 감싸고
쩌렁쩌렁 고고성 울리며
쌔근거리는 작은 가슴에
커다란 우주를 담은
간 큰 머슴애로
정녕
그 이름
큰 연못, '주연' 으로 왔구나

2000. 10. 2. 주연이 백일 날에,
세상의 주역으로 살아가기를 바라는 할아버지가

가을바람

백두대간 등줄기 타고
소슬히 불어오는 가을바람
하늘을 푸르게 밀어 올리고
가랑잎 하나 물고 허공을 맴돌다
산봉우리에 내려앉는다.
산등성이를 미끄러져 내리고
계곡을 타고 흘러
온 산을 붉게 태워
도회인의 찬 가슴을 데운다.

갈밭에 소란을 일으키던 가을바람
강줄기를 타고 올라
흰 구름송이 머리에 이고
비단 햇살을 타고
풍요가 은근히 고인
들판을 누비며
황금물결 이루어
농부의 빈 마음을 채운다.

산에는 붉은 단풍 곱게 물들고

들에는 황금물결 너무 고아라
강에는 살찐 잉어 튀어 오르고
언덕 넘어 골골마다
긴 여름날
허리 굽은 농부님들
땀 흘린 자욱마다
탐스런 열매 맺어
뙤약볕에 그을린 구릿빛 얼굴에
환한 미소를 심는다.

2000. 10. 24. 바울 전도회 가을 야유회를 다녀와서

만남

소매 자락이 스쳐도 인연인 것을
둘의 만남은 운명이었네
기억 속에 묻었던 코흘리개 20년
창조의 새로운 장에서
백년의 푸른 역사 뿌리 내리네

비록 지금 서 있는 곳이
옥토가 아닌 자갈밭이라도
실뿌리 깊게 뻗고 뻗어서
결코 시들지 않는 푸르름으로
모진 비바람 불어 닥쳐도
절대 넘어지지 않고
꿋꿋하게 피어나리라

시간이 흐르고 흐르는 동안
순간의 아픔과 고통 있어도
겁먹고 비굴하게 피하지 말고
두 손 서로 마주 잡고
당당하게 이기는 용기로
언제나 같은 둥지에서

이글거리는 태양을 보며
세상을 가슴에 품고
뜨거운 사랑의 열기로 살리라

늘 함께 살아가면서
얄팍한 사랑에 가리어
참 것은 보지 못하고
보지 못한 흠집이 드러나더라도
깊은 상처로 남기지 말고
서로 이해하고 용서하는
사랑의 묘약으로
힘 있게 부둥켜안고
하나 되어 살아가리라

언제나 하나로 살아가면서
마음에 드는 것은 없어져가고
바라고 원하는 것은 더욱 멀어져
실망과 후회가 엄습해 와도
그마저 내 것으로 사랑을 하는
반짝이는 슬기로움으로
언제나 대범하게
큰 자로 살아가리라

2000. 12. 9. 진호, 세라 결혼식

때가 온다지

산다는 것
살아간다는 것이 그렇다지
동녘하늘에 떠오른
한 줄기 여명이
온종일 몸 태워 세상 밝히다가
노을 되어 서편하늘 곱게 물들고
대지의 두꺼운 그늘에
그 황홀함 묻어 버렸네
봄이면 연초록 엷은 잎사귀
가을되어 낙엽으로 떨어지누나
언제나 철 따라 피는 꽃들도
언젠가는 한순가에 지고야 마는
웃다가도 울음 울
때가 온다지

높아서 푸르른 하늘이 좋아
시름 잊고 멍하니 치켜보다가
흔들리는 몸의 중심 가누지 못해
초점 잃은 눈동자 내리어 깔고
스며드는 현기증에 되살아나는
귀염둥이 손자손녀 얼굴을 보며
그만 그 이름 더듬거리고 있네
깜박 깜박 노란 등 켜야만 하는
아는 것도 모르는

때가 온다지

누웠다가 앉을 땐
허리뼈가 뻐근뻐근
아픔의 연주를 하고
앉았다가 일어서면
무릎 뼈가 우두뚝뚝뚝
탁음 내어 합주를 하네
탄력 잃은 팔다리엔
피 방망이질 힘에 겨워
불청객 쥐가 내려 뻣뻣하게 굳어지는
아리고 쓰린 고충 있어도
참으며 사랑해야 할
때가 온다지

산다는 것
살아간다는 것이 그렇고 그렇다지
흰 머리 하나둘 어느새 백발 되어
고달픈 삶에 그 윤기 다 빼앗기고
까칠해진 머리카락 손등으로 문지르며
삐걱삐걱 비틀대며 걸어만 가네
망가진 내 육신 이끌고
서러움 딛고 가는 고달픈 나그네
본향 찾아 가야할
때가 온다지

2000. 12월 겨울날에

하늘공원

한강 물살에 떠 밀려온
섬 아닌 섬 외로운 난지도
이름 낯선 꽃들 옛 이야기 간직하고
쓰레기 산으로 버림 받았다가
쓸개, 창자 다 썩히고
새롭게 태여나
꽃피고 새가 울고
사람들 하나 둘 모여들어
웃음꽃 피우는 하늘공원 되었구나

억새꽃 솜털처럼 피여 오르고
먼 서해바다 소식 매달고
풍차는 높이도 돌아가는데
서천에 저녁노을 붉게 물들고
낙엽 하나 죽음 물고 외롭게 떨어지누나

세월따라 흘러온 내 삶이여!
낙엽따라 내 갈길을 갈 뿐인것을!

이제는 모든 것을 내려놓고

마음 텅 비우고
세월의 바람개비되어
하늘을 휘젓고 싶어라

가을 햇살의 살갗처럼
투명한 고추잠자리 날개 달고
가진 것 없어 홀가분하고
비울 것 없어 고요함으로
가벼웁게
하늘 날고 싶어라

2010. 10. 30. 이사를 앞두고